Arthur Schopenhauer

Über das Sehn und die Farben

Verlag
der
Wissenschaften

Arthur Schopenhauer

Über das Sehn und die Farben

ISBN/EAN: 9783957000798

Auflage: 1

Erscheinungsjahr: 2014

Erscheinungsort: Norderstedt, Deutschland

Hergestellt in Europa, USA, Kanada, Australien, Japan
Verlag der Wissenschaften in Hansebooks GmbH, Norderstedt

Cover: Foto ©Melling liudmila / pixelio.de

Ueber das Sehn und die Farben.

Angilbert Goebel
Geb. 1821 zu Frankfurt a. M., gest. 1882 daselbst
Arthur Schopenhauer
Königliche Gemäldegalerie Caſſel

Ueber

das

Sehn und die Farben.

Eine Abhandlung

von

Arthur Schopenhauer.

Est enim verum index sui et falsi.
Spinoza. epist. 74.

———

Dritte, verbesserte und vermehrte Auflage.

Herausgegeben

von

Julius Frauenstädt.

Leipzig:

F. A. Brockhaus.

—

1870.

Vorrede zur zweiten Auflage.

Ich befinde mich in dem seltenen Fall, ein Buch, welches ich vor vierzig Jahren geschrieben habe, zur zweiten Auflage nachbessern zu müssen. Wie nun zwar der Mensch, seinem Kern und eigentlichen Wesen nach, stets der selbe und unverändert bleibt, hingegen an seiner Schaale, also seinem Aussehn, Manieren, Handschrift, Stil, Geschmacks=richtungen, Begriffen, Ansichten, Einsichten, Kenntnissen u. s. w. im Laufe der Jahre große Veränderungen vorgehn; so ist, Dem analog, auch dieses Werkchen meiner Jugend im Wesentlichen ganz das selbe geblieben, weil eben sein Stoff und Inhalt heute noch so wahr ist, wie damals; aber an seiner Außenseite, Ausstattung und Form habe ich nach=gebessert, so weit es angieng; wobei man indessen zu be=denken hat, daß die nachbessernde Hand vierzig Jahre älter ist, als die schreibende; daher hier der selbe Uebelstand nicht zu vermeiden war, den ich schon bei der zweiten Auflage der Abhandlung über den Satz vom Grunde habe beklagen müssen, daß nämlich der Leser zwei verschiedene Stimmen vernimmt, die des Alten und die des Jungen; so deutlich, daß wer ein feines Ohr hat, nie im Zweifel bleibt, wer eben jetzt spreche. Dieses aber stand nicht zu ändern, ist auch im Grunde nicht meine Schuld, sondern kommt zuletzt daher, daß ein verehrtes deutsches Publikum vierzig Jahre braucht, um herauszufinden, wem es seine Aufmerksamkeit zuzuwenden wohlthäte.

Ich habe nämlich diese Abhandlung im Jahre 1815 abgefaßt, worauf Göthe das Manuskript länger behielt, als ich erwartet hatte, indem er es auf seiner damaligen Rheinreise mit sich führte: dadurch verzögerte sich die letzte Bearbeitung und der Druck, so daß erst zur Ostermesse 1816 das Werkchen an das Licht trat. — Seitdem haben weder Physiologen, noch Physiker es der Berücksichtigung würdig gefunden, sondern sind, davon ungestört, bei ihrem Text geblieben. Kein Wunder also, daß es, funfzehn Jahre später, den Plagiarius verlockte, nunmehr (as a snapper-up of unconsidered trifles) es zu eigenem Nutzen zu verwenden; — worüber ich das Nähere beigebracht habe im „Willen in der Natur", erste Aufl. S. 19 und zweite Aufl. S. 14.

Inzwischen habe ich vierzig Jahre Zeit gehabt, meine Farbentheorie auf alle Weise und bei mannichfaltigen Anlässen zu prüfen: jedoch ist meine Ueberzeugung von der vollkommenen Wahrheit derselben keinen Augenblick wankend geworden, und auch die Richtigkeit der Göthe'schen Farbenlehre ist mir noch eben so einleuchtend, als vor 41 Jahren, da er selbst mir seine Experimente vorzeigte. So darf ich denn wohl annehmen, daß der Geist der Wahrheit, welcher in grösseren und wichtigeren Dingen auf mir ruhte, auch in dieser untergeordneten Angelegenheit mich nicht verlassen hat. Das macht, er ist dem Geiste der Ehrlichkeit verwandt und sucht sich die redlichen Häupter aus, — wobei er denn freilich keine sehr große Auswahl hat; zumal er eine Hingebung verlangt, welche weder die Bedürfnisse, noch die Ueberzeugungen, noch die Neigungen des Publikums, oder Zeit-

alters, irgend berücksichtigt, sondern, ihm allein die Ehre
gebend, bereit ist, Göthe'sche Farbenlehre unter Newtonianern,
wie asketische Moral unter modernen Protestanten, Juden
und Optimisten zu lehren.

Bei dieser zweiten Auflage habe ich aus der ersten
bloß ein Paar, nicht unmittelbar zur Sache gehöriger Neben-
erörterungen ausfallen lassen, dagegen aber sie durch beträchtliche Zusätze bereichert. Zwischen der gegenwärtigen und der
ersten Auflage dieser Abhandlung liegt nun aber noch meine
lateinische Bearbeitung derselben, welche ich unter dem Titel:
Theoria colorum physiologica, eademque primaria,
im Jahre 1830, dem dritten Bande der von Justus
Radius herausgegebenen Scriptores ophthalmologici
minores einverleibt habe. Diese ist keine bloße Uebersetzung
der ersten Auflage, sondern weicht schon in Form und Darstellung merklich von ihr ab und ist auch an Stoff ansehn-
lich bereichert. Obgleich ich daher sie bei der gegenwärtigen
benutzt habe, behält sie noch immer ihren Werth, zumal für
das Ausland. Ferner habe ich, im J. 1851, im zweiten
Bande meiner „Parerga und Paralipomena" eine Anzahl
Zusätze zu meiner Farbentheorie niedergelegt, um sie vor dem
Untergange zu retten; indem, wie ich daselbst angegeben
habe, mir, bei meinem vorgerückten Alter, wenig Hoffnung
blieb, eine zweite Auflage gegenwärtiger Abhandlung zu er-
leben. Inzwischen hat es sich anders gefügt: die meinen
Werken endlich zugewendete Aufmerksamkeit des Publikums
hat sich auch auf diese kleine und frühe Schrift erstreckt, obwohl ihr Inhalt nur dem kleineren Theile nach der Philosophie, dem größern nach der Physiologie angehört. Jedoch
wird dieser letztere auch dem bloß auf Philosophie gerichteten
Leser keineswegs unfruchtbar bleiben, indem eine genauere
Kenntniß und festere Ueberzeugung von der ganz subjektiven

Wesenheit der Farbe beiträgt zum gründlicheren Verständniß der Kantischen Lehre von den ebenfalls subjektiven, intellektuellen Formen aller unserer Erkenntnisse, und daher eine sehr passende philosophische Vorschule abgiebt. Eine solche aber muß uns um so willkommener seyn, als, in diesen Zeiten Ueberhand nehmender Rohheit, Plattköpfe der seichtesten Art sich sogar erdreisten, den apriorischen und daher subjektiven Antheil der menschlichen Erkenntniß, welchen entdeckt und ausgesondert zu haben das unsterbliche Verdienst Kants ist, ohne Umstände abzuleugnen; während zugleich andrerseits einige Chemiker und Physiologen ganz ehrlich vermeynen, ohne alle Transscendentalphilosophie das Wesen der Dinge ergründen zu können, und demnach mit dem unbefangensten Realismus täppisch Hand anlegen: sie nehmen eben das Objektive unbesehens als schlechthin gegeben, und fällt ihnen nicht ein, das Subjektive in Betracht zu ziehen, mittelst dessen allein jenes dasteht. Die Unschuld, mit welcher diese Leute, von ihrem Skalpel und Tiegel kommend, sich an die philosophischen Probleme machen, ist wirklich zum Erstaunen: sie schreibt sich jedoch daher, daß Jeder ausschließlich sein Brodstudium treibt, nachher aber von Allem mitreden will. Könnte man nur solchen Herren begreiflich machen, daß zwischen ihnen und dem wirklichen Wesen der Dinge ihr Gehirn steht, wie eine Mauer, weshalb es weiter Umwege bedarf, um nur einigermaaßen dahinter zu kommen; — so würden sie nicht mehr so dreist von „Seelen" und „Stoff" u. dgl. in den Tag hinein dogmatisiren, — wie die philosophirenden Schuster. Der ganze, im Jahre 1855—56 so laut gewordene Streit zwischen Materialisten und Spiritualisten ist bloß ein Beweis der unglaublichen Rohheit und schaamlosen Unwissenheit, zu welcher der gelehrte Stand herabgesunken ist, in Folge des Studiums

Hegelschen Unsinns und Vernachläßigung Kantischer Phi= losophie.

Also die in Rede stehenden, in meinen „Parergis" einstweilen deponirten, daher aber auch wie in einer Rumpel= kammer zusammengehäuften Zusätze habe ich nothwendiger= weise der gegenwärtigen Auflage, an ihren gehörigen Stellen, einverleiben müssen; weil ich diese doch nicht unvollkommen lassen konnte, um, betreffenden Ortes, allemal den Leser auf jenes Kapitel der „Parerga" zu verweisen. Natürlich sollen dagegen die hier verwendeten Zusätze aus der zweiten Auf= lage der „Parerga" weggelassen werden.

Frankfurt am Main, im November 1854.

Arthur Schopenhauer.

Vorrede des Herausgebers
zur dritten Auflage.

Schopenhauer hat ein mit Papier durchschossenes Exemplar der zweiten Auflage seiner Schrift „Ueber das Sehn und die Farben" hinterlassen, in welches er die für die dritte Auflage bestimmten Verbesserungen und Zusätze eingeschrieben. Diese sind daher in die hier vorliegende dritte Auflage an den von Schopenhauer bezeichneten Stellen aufgenommen worden.

Die Verbesserungen bestehen in einigen Correcturen des sprachlichen Ausdrucks, durch welche derselbe an Genauigkeit gewonnen hat. Die Zusätze bestehen aus bald längeren, bald kürzeren Erläuterungen und Ergänzungen des Inhalts.

Die Schopenhauersche Theorie vom Sehen und den Farben bildet nicht blos einen integrirenden Bestandtheil seines Systems, in welchem sie zu der im ersten Buche der „Welt als Wille und Vorstellung" dargelegten idealistischen Erkenntnißtheorie gehört, sondern sie hat auch eine selbstständige Bedeutung innerhalb der Geschichte der Optik.

Die Schopenhauersche Theorie vom gegenständlichen Sehen als einem intellectualen Act hat Zustimmung nicht blos bei Philosophen, sondern auch bei Physikern gefunden. Liebmann

in seiner neuesten Schrift: „Ueber den objectiven Anblick"
(Stuttgart 1869) hat im Wesentlichen dieselbe Theorie vorgetragen, viel früher aber schon Helmholtz in seiner Schrift
„Ueber das Sehen des Menschen" (Leipzig 1855). Helmholtz hat zwar in dieser Schrift sich nur auf Kant als seinen Vorgänger berufen, den Namen Schopenhauer's hingegen gänzlich verschwiegen; aber Schopenhauer drückte in
einem Briefe an mich vom 31. Januar 1856 (abgedruckt in
der Schrift „Arthur Schopenhauer, von ihm, über ihn",
von Lindner und Frauenstädt, Seite 672 fg.) die Ueberzeugung aus, daß ihm gehöre, was Helmholtz Kanten zuschreibt.

Schwerern Eingang, als Schopenhauers Theorie vom
Sehen, scheint seine Theorie von den Farben zu finden,
und doch fordert die Consequenz, daß wenn man das Sehen
idealistisch erklärt und zwar im Sinne des physiologischen
Idealismus Schopenhauers, man bei der Erklärung der Farben eben so verfahre. Schopenhauers physiologische Farbentheorie hätte daher wohl eine ernstliche Prüfung von
Seiten der Physiker, welche seine Theorie vom Sehen annehmen, verdient. Dennoch habe ich mich in dem volumi-
nösen „Handbuch der physiologischen Optik" von Helmholtz (Leipzig 1867) vergebens nach dem Namen Schopenhauers umgesehen. Ich habe ihn weder in der geschichtlichen
Uebersicht, noch in den Literaturverzeichnissen gefunden. Helmholtz führt alle bedeutenderen Philosophen, die über das Sehen
oder die Farben eine Theorie aufgestellt, an, nur der Name
Schopenhauers fehlt, selbst an der Stelle, wo recht eigentlich
der Ort war, von ihm zu reden, nämlich bei der Kritik
der Göthe'schen Farbenlehre (S. 267 fg.), wo Helmholtz in
Uebereinstimmung mit Schopenhauer die nur subjective
Bedeutung der Sinnesempfindungen gegen Göthe geltend macht.

Eben so fehlt der Name Schopenhauers in Helmholtz's aus=
führlicher Beleuchtung der Göthe'schen Farbenlehre (in dem
Aufsatz „Ueber Göthe's naturwissenschaftliche Arbeiten" in
„Populärwissenschaftliche Vorträge" von Helmholtz, erstes
Heft, Braunschweig 1865). Auch hier macht Helmholtz in
Uebereinstimmung mit Schopenhauer die subjective Natur
der Sinnesempfindungen gegen Göthe geltend (S. 49). Hier
war doch also recht eigentlich der Ort, Schopenhauers, zu=
mal da ja dessen nahe Beziehungen zur Göthe'schen Farben=
lehre bekannt sind, zu gedenken. Aber auch hier, wie in dem
„Handbuch der physiologischen Optik" wird Schopenhauer von
Helmholtz ignorirt.

Dieses beharrliche Ignoriren ist gegenwärtig, wo Scho=
penhauers meiste Schriften in dritter Auflage vorliegen und
die große Bedeutung Schopenhauers in der nachkant'schen
Philosophie längst anerkannt ist, — ein Anachronismus.
Die Zeit des Ignorirens und Secretirens ist für Schopen=
hauer ein für allemal vorbei. Wer ihn jetzt noch ignorirt,
schadet nicht ihm, sondern sich selbst. Denn er erregt den
Verdacht, von persönlichen Motiven geleitet zu werden.
Persönliche Motive aber müssen einem wissenschaftlichen
Charakter fern liegen.

Auch wer Göthe's Farbenlehre verwirft, hat kein Recht
die Schopenhauersche zu ignoriren. Denn letztere ist keines=
wegs identisch mit ersterer. Es ist ganz falsch, zu meinen,
mit der Göthe'schen sei auch die Schopenhauersche Farben=
lehre widerlegt. Denn letztere nimmt als physiologische
Theorie sowohl Göthe als Newton gegenüber eine selbst=
ständige Stellung ein und beansprucht mit Recht eine selbst=
ständige Würdigung, da sie in einer Beziehung eben so gegen
Göthe, als in anderer gegen Newton Front macht.

Ueber die selbstständige Bedeutung seiner Farbentheorie

hat sich Schopenhauer nicht blos in der „Einleitung" zu vorliegender Schrift ausgesprochen, sondern sehr entschieden auch in dem Prooemium seiner lateinischen Bearbeitung derselben. (Erschienen 1830 in Radii script. ophthalm. min. III unter dem Titel: Commentatio undecima, exponens Theoriam colorum physiologicam, eandemque primariam, auctore Arthurio Schopenhauero Berolinensi.) Er sagt daselbst: „Ne in ipso limine eos absterream, qui Goethii de coloribus placita detestabilem haeresin esse apud animum suum constituerunt, profiteor, meam colorum theoriam, utpote physiologicam et eam ob rem primariam, nullo modo neque e Goethii de coloribus physicis theorematibus pendere, neque e Newtoni, cum in ordine materiae tractandae utrisque antecedat, et vera fuerit, etiamsi illi ambo errassent. Non enim principia ab iis petit, neque a parte priori cum iis connexa est, sed tantum a parte posteriori; ita ut ex ipsa potius depromi possint indicia et argumenta, quibus satis firma conjectura decernatur, cujusnam illorum a partibus veritas stet. Nos enim colores tantummodo physiologice, i. e. quatenus in iis functio quaedam oculi versatur, sumus consideraturi; dum illorum thema sunt colores physici et chemici, i. e. res externae, quibus colorum sensus in oculo suscitatur."

Aehnlich äusserte sich Schopenhauer über die selbstständige Bedeutung seiner Farbentheorie in einem erst nach seinem Tode veröffentlichten sehr interessanten englischen Briefe vom Jahre 1840 an Sir Ch. Eastlake, den englischen Maler und Schriftsteller, der Göthe's Farbenlehre in's Englische übersetzt hatte, und dem Schopenhauer ein Exemplar seiner

Schrift „Ueber das Sehn und die Farben" sendete. In diesem Briefe, welcher vollständig zu finden ist in der Schrift: „Arthur Schopenhauer, von ihm, über ihn", von Lindner und Frauenstädt (Seite 67 — 71) schreibt er: „Please, Sir, to peruse the little treatise, which I take the liberty of sending You along with this letter, by means of a commercial traveller; and pray, do not judge of its importance by its bulk. It contains the only and for ever true Theory of physiological colour, a theory which would be true even if Goethe was wrong: it does not depend on his positions. The main point is exposed in §. 5, which however cannot be perfectly understood, nor properly appreciated without having read what goes before." An einer andern Stelle desselben Briefes sagt er: „As my theory is entirely physiological, taking colour merely as a sensation, and with respect to the eye, it is the primary theory, and anterior to all explications of the outward causes of that sensation, which are the physical and chemical colours." *)

---

*) Obige Briefstellen lauten in deutscher Uebersetzung: „Seien Sie so gütig, mein Herr, die kleine Abhandlung, welche ich Ihnen beifolgend mit diesem Briefe durch einen Handlungsreisenden sende, durchzusehen; und ich ersuche Sie, die Wichtigkeit derselben nicht nach ihrem Umfange zu beurtheilen. Sie enthält die einzige und für immer wahre Theorie der physiologischen Farbe, eine Theorie, welche wahr wäre, selbst wenn Göthe Unrecht hätte, sie hängt nicht von seinen Behauptungen ab. Der Hauptpunkt ist in §. 5 dargelegt, welcher indessen nicht vollkommen verstanden, noch gehörig gewürdigt werden kann, ohne daß man gelesen hat, was vorhergeht" . . „Da meine Theorie ganz physiologisch ist, die Farbe nur als eine Empfindung und in Bezug auf das Auge betrachtet, so ist sie die primäre Theorie und geht allen Erklärungen der äussern Ursachen jener Empfindungen, welches die physischen und chemischen Farben sind, voran." — Der Brief, aus welchem diese Stellen genommen sind, ist übrigens noch interessant durch folgendes von Schopenhauer mitgetheiltes Faktum. Im

Jahre 1830, als Schopenhauer im Begriff war, die lateinische Bearbeitung seiner Farbenlehre herauszugeben, ging er zu Dr. Seebeck an der Berliner Akademie, Entdecker der Thermo-Elektricität, der damals allgemein für den ersten Physiker Deutschlands galt. Schopenhauer befragte ihn um seine Meinung über die Streitsache zwischen Göthe und Newton. Seebeck „war außerordentlich vorsichtig, ließ mich versprechen, daß ich nichts von dem, was er sage, drucken und veröffentlichen würde, und zuletzt, nachdem ich ihn hart ins Gedränge gebracht hatte, gestand er, daß Göthe in der That vollkommen Recht und Newton Unrecht habe, aber daß es seine Sache nicht sei, der Welt Das zu sagen." Schopenhauer fügt hinzu: „Er starb seitdem, der alte Feigling. — Die Wahrheit hat einen harten Stand und einen schweren Fortgang in dieser schlechten Welt" u. s. w.

Verzeichniß der Zusätze, durch welche diese dritte Auflage vermehrt ist.

Berichtigungen.

Seite 56, Zeile 7 v. o., statt: Refrakton, lies: Refraktion

82,   1 v. u., st.: διαφερε l.: διαφερει

Inhalt.

Einleitung.

Der Inhalt nachstehender Abhandlung ist eine neue Theorie der Farbe, die schon am Ausgangspunkte von allen bisherigen sich gänzlich entfernt. Sie ist hauptsächlich für Diejenigen geschrieben, welche mit Göthe's Farbenlehre bekannt und vertraut sind. Doch wird sie auch ausserdem, der Hauptsache nach, allgemein verständlich seyn, immer aber um so mehr, als man einige Kenntniß der Farbenphänomene mitbringt, namentlich der physiologischen, d. i. dem Auge allein angehörigen Farbenerscheinungen, von denen zwar die vollkommenste Darstellung sich in Göthe's Farbenlehre findet, die jedoch auch früher, hauptsächlich von Büffon*), Waring Darwin**) und Himly***) mehr oder minder richtig beschrieben sind.

Büffon hat das Verdienst, der Entdecker dieser merkwürdigen Thatsache zu seyn, deren Wichtigkeit, ja, Unentbehrlichkeit zum wahren Verständniß des Wesens der Farbe aus meiner Theorie derselben erhellt. Zur Auffindung dieser selbst aber hat Göthe mir den Weg eröffnet, durch ein zwiefaches Verdienst. Erstlich, sofern er den alten Wahn der Newtonischen Irrlehre brach und dadurch die Freiheit des Denkens über diesen Gegenstand wiederherstellte: denn, wie Jean Paul richtig bemerkt, „jede Revolution äussert sich früher, leichter, stärker polemisch, als thetisch" (Aesth. Bd. 3. S. 861). Jenes Verdienst aber wird dann zur Anerken-

---

*) Hist. de l'acad. d. sc. 1743.
**) Erasmus Darwins Zoonomia, auch in den philos. transact. Vol. 76.
***) Ophthalmologische Bibliothek, Bd. 1. St. 2.

nung gelangen, wann Katheder und Schreibtische von einer ganz
neuen Generation besetzt seyn werden, die nicht, und wäre es auch
nur in ihren Greisen, ihre eigene Ehre gefährdet zu halten hat,
durch den Umsturz einer Lehre, welche sie ihr ganzes Leben hin=
durch, nicht als Glaubens=, sondern als Ueberzeugungs=Sache
vortrug. — Das zweite Verdienst Göthe's ist, daß er in seinem
vortrefflichen Werke in vollem Maaße Das lieferte, was der Titel
verspricht: Data zur Farbenlehre. Es sind wichtige, vollständige,
bedeutsame Data, reiche Materialien zu einer künftigen Theorie
der Farbe. Diese Theorie selbst zu liefern, hat er indessen nicht
unternommen: daher er sogar, wie er p. XXXIX der Einleitung
selbst bemerkt und eingesteht, keine eigentliche Erklärung vom We=
sen der Farbe aufstellt, sondern sie als Erscheinung wirklich po=
stulirt und nur lehrt, wie sie entstehe, nicht was sie sei. Die
physiologischen Farben, welche mein Ausgangspunkt sind, legt er
als ein abgeschlossenes, für sich bestehendes Phänomen dar, ohne
auch nur zu versuchen, sie mit den physischen, seinem Hauptthema,
in Verbindung zu bringen.

Wohl ist Theorie, wenn nicht durchgängig auf Fakta gestützt
und gegründet, ein eitles leeres Hirngespinnst, und selbst jede ein=
zelne, abgerissene, aber wahre Erfahrung hat viel mehr Werth.
Andrerseits aber bilden alle einzeln stehende Fakta, aus einem be=
stimmten Umkreise des Gebiets der Erfahrung, wenn sie auch voll=
ständig beisammen sind, doch nicht eher eine Wissenschaft, als bis
die Erkenntniß ihres innersten Wesens sie unter einen gemein=
samen Begriff vereinigt hat, der alles umfaßt und enthält, was
nur in jenen sich vorfinden kann, dem ferner wieder andre Be=
griffe untergeordnet sind, durch deren Vermittelung man zur Er=
kenntniß und Bestimmung jeder einzelnen Thatsache sogleich ge=
langen kann. Die so vollendete Wissenschaft ist einem wohlorga=
nisirten Staate zu vergleichen, dessen Beherrscher das Ganze, jeden
größeren und auch den kleinsten Theil jeden Augenblick in Be=
wegung setzen kann. Daher steht Derjenige, welcher im Besitz der
Wissenschaft, der wahren Theorie, einer Sache ist, gegen Den,
welcher nur eine empirische, ungeordnete, wenn gleich sehr ausge=
breitete Kenntniß derselben sich erworben hat, wie ein polizirtes,
zu einem Reich organisirtes Volk gegen ein wildes. Diese Wich=
tigkeit der Theorie hat ihren glänzendsten Beleg an der neueren

Chemie, dem Stolze unsers Jahrhunderts. Nämlich die faktische Grundlage derselben war schon lange vor Lavoisier vorhanden, in den Thatsachen, welche vereinzelt, von Joh. Rey (1630), Rob. Boyle, Mayow, Hales, Black, Cavendish, und endlich Priestley, aufgefunden waren: aber sie halfen der Wissenschaft wenig, bis sie in Lavoisier's großem Kopfe sich zu einer Theorie organisirten, welche gleichsam die Seele der gesammten neuern Naturwissenschaft ist, durch die unsere Zeit über alle früheren emporragt.

Wenn wir (ich meyne hier sehr Wenige) ferner die Newtonische Irrlehre, von Göthe, theils durch den polemischen Theil seiner Schrift, theils durch die richtige Darstellung der Farbenphänomene jeder Art, welche Newtons Lehre verfälscht hatte, auch völlig widerlegt sehn; so wird doch dieser Sieg erst vollständig, wenn eine neue Theorie an die Stelle der alten tritt. Denn das Positive wirkt überall mächtiger auf unsre Ueberzeugung als das Negative. Daher ist so wahr wie schön, was Spinoza sagt: Sicut lux se ipsam et tenebras manifestat; sic veritas norma sui et falsi est. Eth. P. II. prop. 43. Schol.

Es sei ferne von mir, Göthe's sehr durchdachtes und in jeder Hinsicht überaus verdienstliches Werk für ein bloßes Aggregat von Erfahrungen ausgeben zu wollen. Vielmehr ist es wirklich eine systematische Darstellung der Thatsachen: es bleibt jedoch bei diesen stehn. Daß er Dies selbst, und nicht ohne einige Beunruhigung, gefühlt hat, bezeugen folgende Sätze aus seinen „Einzelnen Betrachtungen und Aphorismen über Naturwissenschaft im Allgemeinen" (Nachlaß Bd. 10. S. 150, 152): „Es giebt eine zarte Empirie, die sich mit dem Gegenstand innigst identisch macht und dadurch zur eigentlichen Theorie wird." — „Das Höchste wäre, zu begreifen, daß alles Faktische schon Theorie ist. Die Bläue des Himmels offenbart uns das Grundgesetz der Chromatik. Man suche nur nichts hinter den Phänomenen: sie selbst sind die Lehre." — „Wenn ich mich beim Urphänomen zuletzt beruhige, so ist es doch nur aus Resignation: aber es bleibt ein grosser Unterschied, ob ich mich an den Gränzen der Menschheit resignire, oder innerhalb der Beschränktheit meines bornirten Individuums." — Ich hoffe, meine hier zu liefernde Theorie wird darthun, daß es nicht die Gränzen der Menschheit gewesen sind. Wie aber jene

1*

Beschränkung auf das rein Faktische in Göthe's Geiste begründet war, ja, gerade mit seinen höchsten Fähigkeiten zusammenhing, habe ich dargelegt in meinen Parergis, Bd. 2. S. 146 (2. Aufl. S. 193); unserm Gegenstande aber ist es nicht so wesentlich, daß ich es hier wiederholen müßte. Eine eigentliche Theorie also ist nicht in Göthe's Farbenlehre enthalten; wohl aber ist sie dadurch vorbereitet, und ein Streben nach ihr spricht so deutlich aus dem Ganzen, daß man sagen kann, sie werde, wie ein Septimen-Accord den harmonischen, der ihn auflöst, gewaltsam fordert, eben so vom Totaleindruck des Werks gefordert. Wirklich gegeben ist indessen in diesem nicht der eigentliche Bindungspunkt des Ganzen, der Punkt, auf den Alles hinweist, von dem Alles immer abhängig bleiben muß, und auf den man von jedem Einzelnen immer zurückzusehn hat. In dieser Hinsicht nun das Göthische Werk zu ergänzen, dasjenige oberste Princip, auf welchem alle dort gegebenen Data beruhen, in abstracto aufzustellen, und so die Theorie der Farbe, im engsten Sinne des Worts, zu liefern, — dies ist es was gegenwärtige Abhandlung versuchen wird; zwar zunächst nur in Hinsicht auf die Farbe als physiologische Erscheinung betrachtet: allein eben diese Betrachtung wird sich, in Folge der jetzt zu gebenden Darstellung, als die erste, ja durchaus die wesentlichste Hälfte der gesammten Farbenlehre herausstellen, zu welcher die zweite, die physischen und chemischen Farben betrachtende, wenn sie gleich reicher an Thatsachen ist, in theoretischer Hinsicht immer in einem abhängigen und untergeordneten Verhältnisse stehn wird.

Die hier aufzustellende Theorie wird aber, wie jede wahre Theorie, den Datis, denen sie ihre Entstehung verdankt, diese Schuld dadurch abtragen, daß, indem sie vor allen Dingen zu erklären sucht, was die Farbe ihrem Wesen nach sei, alle jene Data jetzt erst in ihrer eigentlichen Bedeutung, durch den Zusammenhang, in den sie gesetzt sind, hervortreten und eben dadurch wieder gar sehr bewährt werden. Von ihr ausgehend wird man sogar in den Stand gesetzt, über die Richtigkeit der Newtonischen und der Göthe'schen Erklärung der physischen Farben a priori zu urtheilen. Ja, sie wird aus sich selbst, in einzelnen Fällen, jene Data berichtigen können: so z. B. werden wir besonders auf einen Punkt treffen, wo Göthe, der im Ganzen vollkommen Recht hat, doch irrte, und Newton, der im Ganzen völlig Unrecht hat, die Wahrheit gewissermaßen aussagt, wiewohl eigentlich mehr den Worten als dem Sinne nach), und selbst so nicht ganz. Dennoch ist meine Abweichung von Göthen in diesem Punkte der Grund, weshalb er in seinem, 1853 von Düntzer herausgegebenen Briefwechsel mit dem Staatsrath Schultz, S. 149, mich als einen Gegner seiner Farbenlehre bezeichnet, eben auf Anlaß gegenwärtiger Abhandlung, in der ich doch als ihr entschiedenster Verfechter auftrete, und Dies, wie ich es damals, in meinem 28sten Jahre, schon war, beharrlich geblieben bin, bis ins späte Alter, wovon ein besonders ausdrückliches Zeugniß ablegt mein, in dem von seiner Vaterstadt, an seiner hundertjährigen Geburts= feier, ihm zu Ehren eröffneten Album, vollgeschriebenes großes Pergament=Blatt, auf welchem man mich, noch immer ganz allein die Fahne seiner Farbenlehre hoch emporhaltend, erblickt, im furcht= losen Widerspruch mit der gesammten gelehrten Welt.*) Er je= doch verlangte die unbedingteste Beistimmung, und nichts darüber, noch darunter. Daher er, als ich durch meine Theorie einen wesentlichen Schritt über ihn hinausgethan hatte, seinem Unmuth in Epigrammen Luft machte, wie:

> „Trüge gern noch länger des Lehrers Bürden,
> Wenn Schüler nur nicht gleich Lehrer würden."

Darauf zielt auch schon das Vorhergehende:

> „Dein Gutgedachtes, in fremden Adern,
> Wird sogleich mit dir selber hadern."

Ich war nämlich in der Farbenlehre persönlich sein Schüler ge= wesen; wie er Dies auch in dem oben angeführten Briefe erwähnt.

Ehe ich jedoch zu dem eigentlichen Gegenstande dieser Ab= handlung, den Farben, komme, ist es nothwendig etwas über das Sehn überhaupt voranzuschicken: und zwar ist die Seite dieses Problems, deren Erörterung mein Zweck hier erfordert, nicht etwan die optisch=physiologische, sondern vielmehr diejenige, welche ihrem Wesen nach, in die Theorie des Erkenntnißvermögens und sonach ganz in die allgemeine Philosophie einschlägt. Eine solche konnte hier, wo sie nur als Nebenwerk auftritt, nicht anders als frag=

---

*) Abgedruckt in Parerga, 1. Aufl. Bd. 2. S. 165. (2. Aufl. Bd. 2. S. 212.)

mentarisch) und unvollständig behandelt werden. Denn sie steht eigentlich bloß deswegen hier, damit, wo möglich, jeder Leser zu dem folgenden Hauptkapitel die wirkliche Ueberzeugung mitbringe, daß die Farben, mit welchen ihm die Gegenstände bekleidet erscheinen, durchaus nur in seinem Auge sind. Dieses hat zwar schon Kartesius (Dioptr. c. 1.) gelehrt, und Viele nach ihm; am gründlichsten Locke; lange vor Beiden jedoch schon Sextus Empirikus (Hypot. Pyrrh. L. II. c. 7. §. 72—75), als welcher bereits es ausführlich und deutlich dargethan hat, ja, dabei so weit geht, zu beweisen, daß wir die Dinge nicht erkennen nach Dem, was sie an sich seyn mögen, sondern nur ihre Erscheinungen; welches er sehr artig erläutert durch das Gleichniß, daß wer das Bildniß des Sokrates sieht, ohne diesen selbst zu kennen, nicht sagen kann, ob es ähnlich sei. Bei allem Dem glaubte ich nicht, eine richtige, recht deutliche und unbezweifelte Erkenntniß von der durchaus subjektiven Natur der Farbe ohne Weiteres voraussetzen zu dürfen. Ohne eine solche aber würden, bei der folgenden Betrachtung der Farben, noch immer einige Skrupel sich regen und die Ueberzeugung von dem Vorgetragenen stören und schwächen.

Was ich demnach hier, jedoch nur soweit es unser Zweck erfordert, also aphoristisch und in einem leichten Umrisse darstelle, nämlich die Theorie der äussern, empirischen Anschauung der Gegenstände im Raum, wie sie, auf Anregung der Empfindung in den Sinnesorganen, durch den Verstand und die ihm beigegebenen übrigen Formen des Intellekts zu Stande kommt, das habe ich in spätern Jahren vollendet und auf das Faßlichste, ausführlich und vollständig dargelegt in der zweiten Auflage meiner Abhandlung über die vierfache Wurzel des Satzes vom Grunde, §. 21. Dahin also verweise ich, hinsichtlich dieses wichtigen Gegenstandes, meinen Leser, der das hier Gegebene nur als einen früheren Prodromus dazu anzusehn hat.

Erstes Kapitel.

Vom Sehn.

---

§. 1.

Verständigkeit der Anschauung. Unterscheidung des Verstandes von der
Vernunft, und des Scheines vom Irrthum. Erkenntniß, der Charakter
der Thierheit. Anwendung alles Gesagten auf die Anschauung durch
das Auge.

Alle Anschauung ist eine intellektuale. Denn ohne den Ver-
stand käme es nimmermehr zur Anschauung, zur Wahrnehmung,
Apprehension von Objekten; sondern es bliebe bei der bloßen
Empfindung, die allenfalls, als Schmerz oder Wohlbehagen, eine
Bedeutung in Bezug auf den Willen haben könnte, übrigens aber
ein Wechsel bedeutungsleerer Zustände und nichts einer Erkenntniß Aehnliches wäre. Zur Anschauung, d. i. zum Erkennen eines
Objekts, kommt es allererst dadurch, daß der Verstand jeden
Eindruck, den der Leib erhält, auf seine Ursache bezieht, diese
im a priori angeschaueten Raum dahin versetzt, von wo die Wirkung ausgeht, und so die Ursach als wirkend, als wirklich,
d. h. als eine Vorstellung derselben Art und Klasse, wie der Leib
ist, anerkennt. Dieser Uebergang von der Wirkung auf die Ursache ist aber ein unmittelbarer, lebendiger, nothwendiger: denn
er ist eine Erkenntniß des reinen Verstandes: nicht ist er ein
Vernunftschluß, nicht eine Kombination von Begriffen und Urtheilen, nach logischen Gesetzen. Eine solche ist vielmehr das Ge-
schäft der Vernunft, die zur Anschauung nichts beiträgt, sondern

deren Objekt eine ganz andre Klasse von Vorstellungen ist, welche
auf der Erde dem Menschengeschlecht allein zukommt, nämlich die
abstrakten, nicht anschaulichen Vorstellungen, d. i. die Begriffe;
durch welche aber dem Menschen seine großen Vorzüge gegeben
sind, Sprache, Wissenschaft und vor Allem die, durch Uebersicht
des Ganzen des Lebens in Begriffen allein mögliche, Besonnen-
heit, welche ihn vom Eindruck der Gegenwart unabhängig erhält,
und dadurch fähig macht, überlegt, prämeditirt, planmäßig zu
handeln, wodurch sein Thun und Treiben sich von dem der Thiere
so mächtig unterscheidet, und wodurch endlich auch die Bedingung
zu jener überlegten Wahl zwischen mehreren Motiven gegeben ist,
vermöge welcher das vollkommenste Selbstbewußtseyn die Entschei-
dungen seines Willens begleitet. Dies Alles verdankt der Mensch
den Begriffen, d. i. der Vernunft. Das Gesetz der Kausalität, als abstrakter Grundsatz, ist freilich, wie alle Grundsätze
in abstracto, Reflexion, also Objekt der Vernunft: aber die eigentliche, lebendige, unvermittelte, nothwendige Erkenntniß des Gesetzes der Kausalität geht aller Reflexion, wie aller Erfahrung,
vorher und liegt im Verstande. Mittelst derselben werden die
Empfindungen des Leibes der Ausgangspunkt für die Anschauung
einer Welt, indem nämlich das a priori uns bewußte Gesetz der
Kausalität angewandt wird auf das Verhältniß des unmittelbaren
Objekts (des Leibes) zu den andern nur mittelbaren Objekten:
die Erkenntniß des selben Gesetzes, angewandt auf die mittelbaren
Objekte allein und unter einander, giebt, wenn sie einen höhern
Grad von Schärfe und Genauigkeit hat, die Klugheit, welche
eben so wenig, als die Anschauung überhaupt, durch abstrakte
Begriffe beigebracht werden kann: daher vernünftig seyn und
klug seyn, zwei sehr verschiedene Eigenschaften sind.

Die Anschauung also, die Erkenntniß von Objekten, von
einer objektiven Welt, ist das Werk des Verstandes. Die Sinne
sind bloß die Sitze einer gesteigerten Sensibilität, sind Stellen des
Leibes, welche für die Einwirkung andrer Körper in höherm Grade
empfänglich sind: und zwar steht jeder Sinn einer besondern Art
von Einwirkung offen, für welche die übrigen entweder wenig
oder gar keine Empfänglichkeit haben. Diese specifische Verschiedenheit der Empfindung jedes der fünf Sinne hat jedoch ihren
Grund nicht im Nervensystem selbst, sondern nur in der Art, wie

es afficirt wird. Danach kann man jede Sinnesempfindung ansehn als eine Modification des Tastsinnes, oder der über den ganzen Leib verbreiteten Fähigkeit zu fühlen. Denn die Substanz des
Nerven (abgesehn vom sympathischen System) ist im ganzen Leibe
Eine und die selbe, ohne den mindesten Unterschied. Wenn sie
nun, vom Lichte durch das Auge, vom Schalle durch das Ohr
getroffen, so specifisch verschiedene Empfindungen erhält; so kann
Dies nicht an ihr selbst liegen, sondern nur an der Art, wie sie
afficirt wird. Diese aber hängt ab theils von dem fremden Agens,
von dem sie afficirt wird (Licht, Schall, Duft), theils von der
Vorrichtung, durch welche sie dem Eindruck dieses Agens ausgesetzt ist, d. i. von dem Sinnesorgan. Daß im Ohr der Nerv des
Labyrinths und der Schnecke, im Gehörwasser schwimmend, die
Vibrationen der Luft, durch Vermittelung dieses Wassers, erhält,
der Sehnerv aber die Einwirkung des Lichts, durch die im Auge
es brechenden Feuchtigkeiten und Linse, dies ist die Ursache der
specifischen Verschiedenheit beider Empfindungen; nicht der Nerv
selbst.*) Demnach könnte auch der Gehörnerv sehn und der Augen-
nerv hören, sobald der äußere Apparat beider seine Stelle ver-
tauschte. — Immer aber ist die Modifikation, welche die Sinne
durch solche Einwirkung erleiden, noch keine Anschauung, sondern
ist erst der Stoff, den der Verstand in Anschauung umwandelt.
Unter allen Sinnen ist das Gesicht der feinsten und mannigfal-
tigsten Eindrücke von außen fähig: dennoch kann es an sich bloß
Empfindung geben, welche erst durch Anwendung des Verstandes
auf dieselbe zur Anschauung wird. Könnte Jemand, der vor einer
schönen weiten Aussicht steht, auf einen Augenblick alles Verstandes beraubt werden, so würde ihm von der ganzen Aussicht
nichts übrig bleiben, als die Empfindung einer sehr mannigfaltigen Affektion seiner Retina, den vielerlei Farbenflecken auf einer
Malerpalette ähnlich, — welche gleichsam der rohe Stoff ist, aus
welchem vorhin sein Verstand jene Anschauung schuf.**) — Das

---

*) Cabanis, des rapports du physique et du moral: Mémoire
III, §. 5.

**) Hier gehn die Seiten an, welche Hr. Prof. Rosas in Wien sich an-
geeignet hat, worüber und fernere Plagiate desselben berichtet worden ist im
„Willen in der Natur", 2te Aufl. S. 14 fg. (3. Aufl. S. 14 fg.)

Kind, in den erften Wochen feines Lebens, empfindet mit allen Sinnen: aber es fchaut nicht an, es apprehendirt nicht: daher ftarrt es dumm in die Welt hinein. Bald indeffen fängt es an den Verftand gebrauchen zu lernen, das ihm vor aller Erfahrung bewußte Gefetz der Kaufalität anzuwenden und es mit den eben fo a priori gegebenen Formen aller Erkenntniß, Zeit und Raum, zu verbinden: fo gelangt es von der Empfindung zur Anfchauung, zur Apprehenfion: und nunmehr blickt es mit klugen, intelligenten Augen in die Welt. Da aber jedes Objekt auf alle fünf Sinne verfchieden wirkt, diefe Wirkungen dennoch auf eine und die näm= liche Urfache zurückleiten, welche fich eben dadurch als Objekt dar= ftellt; fo vergleicht das die Anfchauung erlernende Kind die ver= fchiedenartigen Eindrücke, welche es vom nämlichen Objekte erhält; es betaftet was es fieht, befieht was es betaftet, geht dem Klange nach zu deffen Urfache, nimmt Geruch und Gefchmack zu Hülfe, bringt endlich auch für das Auge die Entfernung und Beleuch= tung in Anfchlag, lernt die Wirkung des Lichts und des Schat= tens kennen und endlich, mit vieler Mühe, auch die Perfpektive, deren Kenntniß zu Stande kommt, durch Vereinigung der Gefetze des Raums mit dem der Kaufalität, die beide a priori im Be= wußtfeyn liegen und nur der Anwendung bedürfen, wobei nun fogar die Veränderungen, welche, beim Sehn in verfchiedene Ent= fernungen, theils die innere Konformation der Augen, theils die Lage beider Augen gegen einander erleidet, in Anfchlag gebracht werden müffen: und alle diefe Kombinationen macht für den Ver= ftand fchon das Kind, für die Vernunft, d. h. in abstracto, erft der Optiker. Dergeftalt alfo verarbeitet das Kind die mannig= faltigen Data der Sinnlichkeit, nach den ihm a priori bewußten Gefetzen des Verftandes, zur Anfchauung, mit welcher allererft die Welt als Objekt für daffelbe da ift. Viel fpäter lernt es die Vernunft gebrauchen: dann fängt es an die Rede zu verftehn, zu fprechen und eigentlich zu denken.

Das hier über die Anfchauung Gefagte wird noch einleuch= tender werden durch eine fpeciellere Betrachtung der Sache. Zur Erlernung der Anfchauung gehört zu allernächft das Aufrechtfehn der Gegenftände, während ihr Eindruck ein verkehrter ift. Weil nämlich die von einem Körper ausgehenden Lichtftrahlen, bei ihrem Durchgang durch die Pupille, fich kreuzen; fo trifft der Ein=

druck, den sie auf die Nervensubstanz der Retina machen und den man unrichtig ein Bild derselben genannt hat, in verkehrter Ordnung ein, nämlich das von unten kommende Licht zu oberst, das von oben kommende zu unterst, das von der rechten Seite auf der linken und vice versa. Wäre nun, wie man angenommen hat, hier ein wirkliches Bild auf der Retina der Gegenstand der Anschauung, welche dann etwan von einer im Gehirn dahinter sitzenden Seele vollzogen würde, so würden wir den Gegenstand verkehrt sehn, wie dies in jeder dunkeln Kammer, die durch ·ein bloßes Loch das Licht von äußern Gegenständen empfängt, wirklich geschieht: allein so ist es hier nicht; sondern die Anschauung entsteht dadurch, daß der Verstand den auf der Retina empfundenen Eindruck augenblicklich auf seine Ursache bezieht, welche nun eben dadurch sich im Raum, seiner ihn begleitenden Anschauungsform, als Objekt darstellt. Bei diesem Zurückgehn nun von der Wirkung auf die Ursache, verfolgt er die Richtung, welche die Empfindung der Lichtstrahlen mit sich bringt; wodurch wieder Alles an seine richtige Stelle kommt, indem jetzt am Objekt sich als oben darstellt, was in der Empfindung unten war. — Das zweite zur Erlernung der Anschauung Wesentliche ist, daß das Kind, obwohl es mit zwei Augen sieht, deren jedes ein sogenanntes Bild des Gegenstandes erhält, und zwar so, daß die Richtung vom selbigen Punkt des Gegenstandes zu jedem Auge eine andre ist, dennoch nur einen Gegenstand sehn lernt. Dies geschieht eben dadurch, daß vermöge der ursprünglichen Erkenntniß des Gesetzes der Kausalität, die Einwirkung eines Lichtpunkts, obwohl jedes Auge in einer andern Richtung treffend, doch als von einem Punkt und Gegenstand ursächlich herrührend anerkannt wird. Die zwei Linien von jenem Punkt durch die Pupillen auf jede Retina heißen die Augenaxen, ihr Winkel an jenem Punkt der optische Winkel. Hat, indem ein Gegenstand betrachtet wird, jeder Bulbus zu seiner Orbita respektiv die selbe Lage, als der andere, wie es im normalen Zustande der Fall ist; so wird in jedem der beiden Augen die Augenaxe auf einander entsprechenden, gleichnamigen Stellen der Retina ruhen. Nun entspricht aber nicht etwan die äußere Seite der einen Retina der äußern Seite der andern; sondern die rechte Seite der linken Retina, der rechten Seite der rechten Retina u. s. w. Bei

dieser gleichmäßigen Lage der Augen in ihren Orbiten, welche bei
allen natürlichen Bewegungen der Augen immer beibehalten wird,
lernen wir nun empirisch die auf beiden Retinen einander genau
entsprechenden Stellen kennen, und von nun an beziehn wir die
auf diesen analogen Stellen entstehenden Affektionen immer nur
auf einen und den selben Gegenstand als ihre Ursache. Daher nun,
obwohl mit zwei Augen sehend und doppelte Eindrücke erhaltend,
erkennen wir Alles nur einfach: das doppelt Empfundene
wird nur ein einfaches Angeschautes: eben weil die An=
schauung intellektual ist, und nicht bloß sensual. — Daß aber die
Konformität der afficirten Stellen jeder Retina es sei, nach wel=
cher wir uns bei jenem Verstandesschluß richten, ist daraus
erweislich, daß während die Augenaxen auf einen entfernteren
Gegenstand gerichtet sind und dieser den optischen Winkel schließt,
alsdann ein näher vor uns stehender Gegenstand doppelt erscheint,
eben weil nunmehr das von ihm aus durch die Pupillen auf die
Retinen gehende Licht, zwei nicht analoge Stellen dieser trifft:
umgekehrt sehn wir, aus dem selben Grund, den entfernteren
Gegenstand doppelt, wenn wir die Augen auf den näheren gerichtet
haben und auf diesem den optischen Winkel schließen. Auf der
meiner Abhandlung „über die vierfache Wurzel“ beigegebenen
Tafel findet man die anschauliche Darstellung der Sache,
welche zum vollkommenen Verständniß derselben sehr dienlich ist.
Eine ausführliche und durch viele Figuren sehr einleuchtend ge=
machte Darstellung der verschiedenen Lagen der Augenaxen und
der durch sie herbeigeführten Phänomene findet man in Robert
Smith's Optics, Cambr. 1738.

Mit diesem Verhältniß zwischen den Augenaxen und dem
Objekt ist es im Grunde nicht anders, als damit, daß der Ein=
druck, den ein betasteter Körper auf jeden der zehn Finger macht,
und der nach der Lage jedes Fingers gegen ihn verschieden ist,
doch als von einem Körper herrührend erkannt wird: nie geht
aus dem bloßen Eindruck, immer nur aus der Anwendung des
Kausalitätsgesetzes, und mithin des Verstandes, auf ihn, die Er=
kenntniß eines Objekts hervor. — Daher, beiläufig gesagt, ist es
so sehr absurd, die Kenntniß des Kausalitätsgesetzes, als welches
die alleinige Form des Verstandes und die Bedingung der Mög=
lichkeit irgend einer objektiven Wahrnehmung ist, erst aus der

Erfahrung entspringen zu lassen, z. B. aus dem Widerstand, welchen die Körper unserm Druck entgegensetzen. Denn das Kausalitätsgesetz ist die vorhergängige Bedingung unserer Wahrnehmung dieser Körper, welche wieder erst das Motiv unsers Wirkens auf sie seyn muß. Und wie sollte doch, wenn der Verstand nicht das Gesetz der Kausalität schon besäße und fertig zur Empfindung hinzubrächte, dasselbe hervorgehn aus dem bloßen Gefühl eines Drucks in den Händen, welches ja gar keine Aehnlichkeit damit hat! (Vergl. Welt als Wille und Vorstellung, 3. Aufl. Bd. II, S. 41—44, und: Ueber die vierfache Wurzel des Satzes vom zureichenden Grunde, 3. Aufl. S. 79.) Wenn Engländer und Franzosen sich noch mit dergleichen Possen schleppen, kann man es ihrer Einfalt zu Gute halten, weil die Kantische Philosophie bei ihnen noch gar nicht eingedrungen ist und sie sich daher noch mit dem dürftigen Empirismus Locke's und Condillac's herumschlagen. Wenn aber heut zu Tage deutsche Philosophaster sich unterfangen, Zeit, Raum und Kausalität für Erfahrungserkenntnisse auszugeben, also dergleichen seit 70 Jahren völlig beseitigte und explodirte Absurditäten, über die schon ihre Großväter die Achsel zuckten, jetzt wieder zu Markte bringen (wohinter inzwischen gewisse Absichten lauern, die ich in der Vorrede zur zweiten Auflage des „Willens in der Natur" bloßgelegt habe); so verdienen sie, daß man ihnen mit dem Göthe-Schillerschen Xenion begegene:

> „Armer empirischer Teufel! du kennst nicht einmal das Dumme
> In dir selber: es ist, ach! a priori so dumm."

Insbesondere rathe ich Jedem, der das Unglück hat, ein Exemplar der dritten Auflage des „Systems der Metaphysik" von Ernst Reinhold, 1854, zu besitzen, diesen Vers auf das Titelblatt zu schreiben. — Eben weil die Apriorität des Kausalitätsgesetzes so sehr evident ist, sagt sogar Göthe, der mit Untersuchungen dieser Art sich sonst nicht beschäftigt, bloß seinem Gefühle folgend: „der eingeborenste Begriff, der nothwendigste, von Ursach und Wirkung." („Ueber Naturwissenschaft im Allgemeinen"; in den nachgelassenen Werken, Bd. 10, S. 123.) Doch ich kehre zu unserer Theorie der empirischen Anschauung zurück.

Nachdem die Anschauung längst erlernt ist, kann ein sehr merkwürdiger Fall eintreten, der zu allem Gesagten gleichsam die

Rechnungsprobe giebt. Nämlich nachdem wir, viele Jahre hindurch, jeden Augenblick die in der Kindheit erlernte Verarbeitung und Anordnung der Data der Sinnlichkeit nach den Gesetzen des Verstandes geübt haben, können diese Data uns verrückt werden, durch eine Veränderung der Lage der Sinneswerkzeuge. Allbekannt sind zwei Fälle, in denen dies geschieht: das Verschieben der Augen aus ihrer natürlichen, gleichmäßigen Lage, also das Schielen, und zweitens das Uebereinanderlegen des Mittel- und Zeige-Fingers. Wir sehn und tasten jetzt einen Gegenstand doppelt. Der Verstand verfährt wie immer richtig: allein er erhält lauter falsche Data: denn die vom selbigen Punkte gegen beide Augen gehenden Strahlen treffen nicht mehr auf beiden Netzhäuten die einander entsprechenden Stellen, und die äußern Seiten beider Finger berühren die entgegengesetzten Flächen der selben Kugel, was bei der natürlichen Lage der Finger nie seyn konnte. Hieraus entsteht das Doppeltsehn und das Doppelttasten, als ein falscher Schein, der gar nicht wegzubringen ist; weil der Verstand die so mühsam erlernte Anwendung nicht sogleich wieder fahren läßt, sondern immer noch die bisherige Lage der Sinnesorgane voraussetzt. — Aber eine noch auffallendere, weil viel seltnere Rechnungsprobe zu unserer Theorie giebt der umgekehrte Fall, nämlich daß man zwei Gegenstände als einen erblickt; welches dadurch geschieht, daß jeder von beiden mit einem andern Auge gesehn wird, aber in jedem Auge die gleichnamigen, d. h. denen im andern entsprechenden Stellen der Retina afficirt. Man füge zwei gleiche Pappröhren parallel an einander, so daß der Raum zwischen ihnen gleich sei dem Raum zwischen den Augen. Im Objektiv-Ende jeder Röhre sei etwan ein Achtgroschenstück in senkrechter Stellung befestigt. Indem man nun mit beiden Augen durch die Röhren sieht, wird sich nur eine Röhre und ein Achtgroschenstück darstellen; weil die Augenaxen den optischen Winkel, der dieser Entfernung angemessen wäre, nicht schließen können, sondern ganz parallel bleiben, indem jedes seiner Röhre folgt, wodurch nun in jedem Auge die entsprechenden Stellen der Retina von einem andern Achtgroschenstück getroffen werden, welchen doppelten Eindruck jetzt der Verstand einem und dem selben Gegenstande zuschreibt und daher nur ein Objekt apprehendirt, wo doch zwei sind. — Hierauf beruht auch das neuerlich erfundene Stereoskop. Zu diesem nämlich werden zwei Daguerrotype desselben Objekts aufgenommen, jedoch mit dem geringen Unterschiede der Lage desselben, welcher der Parallaxe vom einen zum andern Auge entspricht: diese werden nun, in dem eben dieser Parallaxe angemessenen sehr stumpfen Winkel, an einander gefügt und dann durch den Binokulartubus betrachtet. Der Erfolg ist 1) daß die einander symmetrisch entsprechenden Stellen beider Retinen von den gleichen Punkten der beiden Bilder getroffen werden; und 2) daß jedes der beiden Augen auf dem ihm vorliegenden Bilde auch noch den Theil des abgebildeten Körpers sieht, der dem andern Auge, wegen der Parallaxe seines Standpunkts, bedeckt bleibt; — wodurch erlangt wird, daß die zwei Bilder nicht nur in der intuitiven Apprehension des Verstandes zu Einem zusammenschmelzen, sondern auch, in Folge des zweiten Umstandes, vollkommen als ein solider Körper sich darstellen; — eine Täuschung, welche ein blosses Gemälde, auch bei der größten Kunst und Vollendung, nie hervorbringt; weil es uns seine Gegenstände stets nur so zeigt, wie ein Einäugiger sie sehn würde. Ich wüßte nicht, wie ein Beweis der Intellektualität der Anschauung schlagender seyn könnte. Auch wird man nie, ohne die Erkenntniß dieser, das Stereoskop verstehn; sondern vergeblich mit rein physiologischen Erklärungen versuchen.

Wir sehn nun also alle jene Illusionen dadurch entstehn, daß die Data, auf welche der Verstand seine Gesetze anzuwenden in der frühesten Kindheit gelernt und ein ganzes Leben hindurch sich gewöhnt hat, ihm verschoben werden, indem man sie anders stellt, als sie im natürlichen Verlauf der Dinge zu stehn kommen. Zugleich nun aber bietet diese Betrachtung uns eine so deutliche Ansicht des Unterschiedes zwischen Verstand und Vernunft dar, daß ich nicht umhin kann, darauf aufmerksam zu machen. Nämlich, eine solche Illusion läßt sich zwar für die Vernunft beseitigen, nicht aber für den Verstand zerstören, der, eben weil er reiner Verstand ist, unvernünftig ist. Ich meyne Dies: bei einer solchen absichtlich veranstalteten Illusion, wissen wir sehr wohl, in abstracto, also für die Vernunft, daß z. B. nur ein Objekt da ist, obwohl wir mit schielenden Augen und verschränkten Fingern zwei sehn und tasten, oder daß zwei dasind, obwohl wir nur eines sehn: aber trotz dieser abstrakten Erkenntniß bleibt

die Illusion selbst noch immer unverrückt stehn. Denn der Ver=
stand und die Sinnlichkeit sind für die Sätze der Vernunft un=
zugänglich d. h. eben unvernünftig. Auch ergiebt sich hier, was
eigentlich Schein und was Irrthum sei: jener der Trug des
Verstandes, dieser der Trug der Vernunft: jener der Rea=
lität, dieser der Wahrheit entgegengesetzt. Schein entsteht
allemal entweder dadurch, daß der stets gesetzmäßigen und un=
veränderlichen Apprehension des Verstandes ein ungewöhnlicher
(d. h. von dem, auf welchen er seine Funktionen anzuwenden
gelernt hat, verschiedener) Zustand der Sinnesorgane untergelegt
wird; oder dadurch, daß eine Wirkung, welche die Sinne sonst
täglich und stündlich durch eine und dieselbe Ursache erhalten,
einmal durch eine ganz andre Ursache hervorgebracht wird: so
z. B. wenn man eine Malerei für ein Rilievo ansieht, oder ein
ins Wasser getauchter Stab gebrochen erscheint, oder der Konkav=
spiegel einen Gegenstand als vor ihm schwebend, der Konver=
spiegel als hinter ihm befindlich zeigt, oder der Mond am Hori=
zont viel größer, als am Zenith sich darstellt, welches nicht auf
Strahlenbrechung, sondern allein auf der vom Verstande voll=
zogenen, unmittelbaren Abschätzung seiner Größe nach seiner Ent=
fernung und dieser, wie bei irdischen Gegenständen, nach der Luft=
perspektive, d. h. nach der Trübung durch Dünste, beruht. —
Irrthum hingegen ist ein Urtheil der Vernunft, welches
nicht zu etwas ausser ihm in derjenigen Beziehung steht, die der
Satz vom Grund, in derjenigen Gestalt, in welcher er für die
Vernunft als solche gilt, erfordert, also ein wirkliches, aber
falsches Urtheil, eine grundlose Annahme in abstracto. Schein
kann Irrthum veranlassen: dergleichen wäre z. B. beim ange=
führten Fall das Urtheil: „hier sind zwei Kugeln“, welches zu
nichts in der eben besagten Beziehung steht, also keinen Grund
hat. Hingegen wäre das Urtheil: „ich fühle eine Einwirkung
gleich der von zwei Kugeln“, wahr: denn es steht zur empfun=
denen Affektion in der angegebenen Beziehung. Der Irrthum
läßt sich tilgen, eben durch ein Urtheil, welches wahr ist und
den Schein zum Grunde hat, d. h. durch eine Aussage des
Scheins als solchen. Der Schein aber läßt sich nicht tilgen:
z. B. durch die abstrakte Vernunfterkenntniß, daß die Abschätzung
nach der Luftperspektive und die in horizontaler Linie stärkere

Trübung durch Dünste den Mond vergrößert, wird er nicht klei=
ner. Jedoch kann der Schein allmälig verschwinden, wenn seine
Ursache bleibend ist und dadurch das Ungewohnte gewohnt wird.
Wenn man z. B. die Augen immer in der schielenden Lage läßt;
so sucht der Verstand seine Apprehension zu berichtigen und,
durch richtige Auffassung der äussern Ursache, Uebereinstimmung
zwischen den Wahrnehmungen auf verschiedenen Wegen, z. B.
zwischen Sehn und Tasten, hervorzubringen. Er thut dann von
Neuem was er im Kinde that: er lernt die Stellen auf jeder
Retina kennen, welche der von einem Punkt ausgehende Strahl
jetzt, bei der neuen Lage der Augen, trifft. Darum sieht der
habituell Schielende doch Alles nur einfach. Wenn aber Jemand
durch einen Zufall, z. B. eine Lähmung der Augenmuskeln, plötz=
lich zu einem konstanten Schielen gezwungen wird, so sieht er
in der ersten Zeit fortdauernd Alles doppelt. Dies bezeugt der
Fall, den Cheselden (Anatomy, p. 324, 3d ed.) erzählt, daß
durch einen Schlag auf den Kopf, den ein Mann erhielt, seine
Augen eine bleibende verdrehte Stellung annahmen: er sah nun=
mehr Alles doppelt, nach einiger Zeit aber wieder einfach, ob=
gleich die unparallele Lage der Augen blieb. Eine ähnliche Kran=
kengeschichte steht in der ophthalmologischen Bibliothek, Bd. 3,
3tes St. S. 164. Wäre der dort geschilderte Kranke nicht bald
geheilt worden, so würde er zwar fortdauernd geschielt, aber
endlich nicht mehr doppelt gesehn haben. Noch ein Fall dieser
Art wird erzählt von Home in seiner Vorlesung in den philos.
transact. for 1797. — Eben so würde wer immer die Finger
übereinandergeschlagen behielte, zuletzt auch nicht mehr doppelt
tasten. Solange aber Einer jeden Tag in einem andern opti=
schen Winkel schielt, wird er Alles doppelt sehn. — Uebrigens
mag es immer seyn, was Büffon behauptet (hist. de l'acad. d.
Sciences 1743), daß die sehr stark und nach innen Schielenden
mit dem verdrehten Auge gar nicht sehn: nur wird dieses nicht
von allen Fällen des Schielens gelten.

Da nun also keine Anschauung ohne Verstand ist, so haben
unstreitig alle Thiere Verstand: ja, er unterscheidet Thiere von
Pflanzen, wie die Vernunft Menschen von Thieren. Denn der
eigentlich auszeichnende Charakter der Thierheit ist das
Erkennen, und dieses erfordert durchaus Verstand. Man hat

auf vielerleiweise versucht, ein Unterscheidungszeichen zwischen
Thieren und Pflanzen festzusetzen, und nie etwas ganz Genügen=
des gefunden. Das Treffendeste blieb noch immer motus spon-
taneus in victu sumendo. Aber dies ist nur ein durch das
Erkennen begründetes Phänomen, also diesem unterzuordnen.
Denn eine wahrhaft willkührliche, nicht aus mechanischen, chemi=
schen oder physiologischen Ursachen erfolgende Bewegung geschieht
durchaus nach einem erkannten Objekt, welches das Motiv
jener Bewegung wird. Sogar das Thier, welches der Pflanze
am nächsten steht, der Polyp, wenn er mit seinen Armen seinen
Raub ergreift und ihn zum Munde führt, hat ihn (wiewohl noch
ohne gesonderte Augen) gesehn, wahrgenommen, und selbst zu
dieser Anschauung wäre es nimmermehr ohne Verstand gekommen:
das angeschaute Objekt ist das Motiv der Bewegung des Poly=
pen. — Ich würde den Unterschied zwischen unorganischem Körper,
Pflanze und Thier also festsetzen: Unorganischer Körper ist
Dasjenige, dessen sämmtliche Bewegungen aus einer äussern Ur=
sache geschehn, die, dem Grade nach, der Wirkung gleich ist, so
daß aus der Ursache die Wirkung sich messen und berechnen läßt,
und auch die Wirkung eine völlig gleiche Gegenwirkung in der
Ursache hervorbringt. Pflanze ist, was Bewegungen hat, de=
ren Ursachen durchaus nicht, dem Grade nach, den Wirkungen
gleich sind und folglich nicht den Maaßstab für letztere geben,
auch nicht eine gleiche Gegenwirkung erleiden: solche Ursachen heißen
Reize. Nicht blos die Bewegungen der sensitiven Pflanzen und
des hedysarum gyrans, sondern alle Assimilation, Wachsthum,
Neigung zum Licht u. s. w. der Pflanzen, ist Bewegung auf
Reize. Thier endlich ist Das, dessen Bewegungen nicht direkt
und einfach nach dem Gesetz der Kausalität, sondern nach dem
der Motivation erfolgen, welche die durch das Erkennen hindurch=
gegangene und durch dasselbe vermittelte Kausalität ist: nur
Das ist folglich Thier, was erkennt, und das Erkennen ist
der eigentliche Charakter der Thierheit. Man wende
nicht ein, das Erkennen könne kein charakteristisches Merkmal
abgeben, weil wir, als ausser dem zu beurtheilenden Wesen be=
findlich, nicht wissen können, ob es erkenne oder nicht. Denn
dies können wir allerdings, indem wir nämlich beurtheilen, ob
Dasjenige, worauf seine Bewegungen erfolgen, auf dasselbe als

Reiz oder als Motiv gewirkt habe; worüber nie ein Zweifel übrig bleiben kann. Denn obgleich Reize sich auf die angegebene Weise von Ursachen unterscheiden, so haben sie doch noch Dies mit ihnen gemein, daß sie, um zu wirken, allemal des Kontakts, oft sogar der Intussusception, stets aber einer gewissen Dauer und Intensität der Einwirkung bedürfen; da hingegen das als Motiv wirkende Objekt nur wahrgenommen zu seyn braucht, gleichviel wie lange, wie entfernt, wie deutlich, sobald es nur wirklich wahrgenommen ist. Daß in manchem Betracht das Thier zugleich Pflanze, ja auch unorganischer Körper ist, versteht sich von selbst. — Diese hier nur aphoristisch und kurz dargelegte, sehr wichtige Unterscheidung der drei Kausalitätsstufen findet man gründlicher und specieller ausgeführt in den „Beiden Grundproblemen der Ethik", Kap. 3 der ersten Preisschrift, S. 30 ff., sodann auch in der 2ten Auflage der Abhandlung „über die vierfache Wurzel" §. 20, S. 45. (3. Aufl. S. 46.)

Ich komme jetzt endlich zu Dem, was die Beziehung des bisher Gesagten auf unsern eigentlichen Gegenstand, die Farben, enthält, und gehe damit zu einem gar speciellen und untergeordneten Theil der Anschauung der Körperwelt über: denn wie der bis hieher in Betrachtung genommene intellektuelle Antheil derselben eigentlich die Funktion der so beträchtlichen 3 bis 5 Pfund wiegenden Nervenmasse des Gehirns ist; so habe ich im folgenden Kapitel bloß die Funktion eines feinen Nervenhäutchens, auf dem Hintergrunde des Augapfels, der Retina, zu betrachten, als deren besonders modificirte Thätigkeit ich die Farbe, welche als eine allenfalls entbehrliche Zugabe die angeschauten Körper bekleidet, nachweisen werde. Nämlich die Anschauung, d. h. die Apprehension einer objektiven, den Raum in seinen drei Dimensionen ausfüllenden Körperwelt, entsteht, wie oben im Allgemeinen gezeigt, im bereits angezogenen §. 21 der Abhandlung „über die vierfache Wurzel" aber näher ausgeführt worden ist, durch den Verstand, für den Verstand, im Verstande, welcher, wie auch die ihm zum Grunde liegenden Formen Raum und Zeit, die Funktion des Gehirns ist. Die Sinne sind bloß die Ausgangspunkte dieser Anschauung der Welt. Ihre Modifikationen sind daher vor aller Anschauung gegeben, als bloße Empfindungen, sind die Data, aus denen

2*

erst im Verstande die erkennende Anschauung wird. Zu diesen gehört ganz vorzüglich der Eindruck des Lichts auf das Auge und demnächst die Farbe, als eine Modifikation dieses Eindrucks. Diese sind also die Affektion des Auges, sind die Wirkung selbst, welche da ist, auch ohne daß sie auf eine Ursache bezogen werde. Das neugeborne Kind empfindet Licht und Farbe, ehe es den leuchtenden, oder gefärbten Gegenstand als solchen erkennt und anschaut. Auch ändert kein Schielen die Farbe. Verwandelt der Verstand die Empfindung in Anschauung, dann wird freilich auch diese Wirkung auf ihre Ursache bezogen und übertragen, und dem einwirkenden Körper Licht, oder Farbe, als Quali=täten, d. h. Wirkungsarten, beigelegt. Dennoch wird er nur als das diese Wirkung Hervorbringende anerkannt. „Der Kör=per ist roth" bedeutet, daß er im Auge die rothe Farbe bewirkt. Sehn ist überhaupt mit Wirken gleichbedeutend: daher auch im Deutschen, überaus treffend und mit unbewußtem Tiefsinn, Alles was ist, wirklich, d. i. wirkend, genannt wird. — Dadurch daß wir die Farbe als einem Körper inhärirend auffassen, wird ihre diesem vorhergegangene unmittelbare Wahrnehmung durch=aus nicht geändert: sie ist und bleibt Affektion des Auges: bloß als deren Ursache wird der Gegenstand angeschaut: die Farbe selbst aber ist allein die Wirkung, ist der im Auge hervor=gebrachte Zustand, und als solcher unabhängig vom Gegenstande, der nur für den Verstand da ist: denn alle Anschauung ist eine intellektuale.

Zweites Kapitel.

Von den Farben.

§. 2.

Volle Thätigkeit der Retina.

Aus unsrer bisherigen Betrachtung ergiebt sich, daß Helle, Finsterniß und Farbe, im engsten Sinne genommen, Zustände, Modifikationen des Auges sind, welche unmittelbar bloß empfunden werden. Eine gründliche Betrachtung der Farbe muß von diesem Begriff derselben ausgehn und demnach damit anfangen, sie als physiologische Erscheinung zu untersuchen. Denn um regelrecht und überlegt zu Werke zu gehn, muß man, ehe man zu einer gegebenen Wirkung die Ursache zu entdecken unternimmt, vorher diese Wirkung selbst vollständig kennen lernen; weil man allein aus ihr Data zur Auffindung der Ursache schöpfen kann und nur sie die Richtung und den Leitfaden zu dieser giebt. Newton's Fundamentalversehn war eben, daß er, ohne die Wirkung irgend genau und ihren innern Beziehungen nach kennen zu lernen, voreilig zur Aufsuchung der Ursache schritt. Jedoch ist das selbe Versehn allen Farbentheorien, von den ältesten bis auf die letzte von Göthe, gemeinsam: sie alle reden bloß davon, welche Modifikation der Oberfläche ein Körper, oder welche Modifikation das Licht, sei es durch Zerlegung in seine Bestandtheile, sei es durch Trübung, oder sonstige Verbindung mit dem Schatten, erleiden muß, um Farbe zu zeigen, d. h. um jene specifische Empfindung im Auge zu erregen, die sich nicht beschreiben, sondern nur sinnlich

nachweisen läſſt. Statt Deſſen iſt offenbar der rechte Weg, ſich
zunächſt an dieſe Empfindung ſelbſt zu wenden, um zu erforſchen,
ob nicht aus ihrer Beſchaffenheit und Geſetzmäſſigkeit ſich heraus=
bringen lieſſe, worin ſie an und für ſich, alſo phyſiologiſch, be=
ſtehe. Offenbar wird eine ſolche genaue Kenntniß der Wirkung,
von welcher eigentlich, wenn man von Farben ſpricht, die Rede
iſt, auch Data liefern zur Auffindung der Urſache, d. h. des äuſſern
Reizes, der ſolche Empfindung erregt. Zunächſt nämlich muß
überall zu jeder möglichen Modifikation einer Wirkung eine
ihr genau entſprechende Modifikabilität der Urſache nachweis=
bar ſeyn; ferner, wo die Modifikationen der Wirkung keine ſcharfe
Gränzen gegen einander zeigen, da dürfen auch in der Urſache
dergleichen nicht abgeſteckt ſeyn, ſondern muß auch hier die ſelbe
Allmäligkeit der Uebergänge ſich vorfinden; endlich, wo die Wir=
kung Gegenſätze zeigt, d. h. eine gänzliche Umkehrung ihres Cha=
rakters geſtattet, da müſſen auch hiezu die Bedingungen in der
Natur der Urſache liegen, gemäß der Regel des Ariſtoteles: των
γαρ εναντιων τα εναντια αιτια (nam contrariorum contrariae sunt
causae) de generat. et corrupt. II, 10. Dieſem Allen gemäß, wird
man finden, daß meine Theorie, welche die Farbe nur an ſich
ſelbſt, d. h. als gegebene ſpecifiſche Empfindung im Auge betrach=
tet, ſchon Data a priori an die Hand giebt zur Beurtheilung der
Neutoniſchen und Göthe'ſchen Lehre vom Objektiven der Farbe,
d. h. von den äuſſern Urſachen, die im Auge ſolche Empfindung
erregen: und da wird ſich ergeben, daß Alles für die Göthe'ſche
und gegen die Neutoniſche Lehre ſpricht. — Alſo erſt nach der
Betrachtung der Farbe als ſolcher, d. h. als ſpecifiſcher Empfin=
dung im Auge, iſt, als eine von ihr völlig verſchiedene, die der
äuſſeren Urſachen jener beſondern Modifikationen der Lichtempfin=
dung anzuſtellen, d. h. die Betrachtung derjenigen Farben, welche
Göthe ſehr richtig in phyſiſche und chemiſche eingetheilt hat.

Es iſt unbezweifelte Lehre der Phyſiologie, daß alle Senſibi=
lität nie reine Paſſivität ſei, ſondern Reaktion auf empfangenen
Reiz. Sogar in ſpecieller Hinſicht auf das Auge, und nament=
lich ſofern es Farben ſieht, hat ſie ſchon Ariſtoteles ausgeſprochen:
ου μονον πασχει, αλλα και αντιποιει το των χρωματων αισϑητη=
ριον (non modo patitur sensorium, quo natura colorum perci=
pitur, sed etiam vicissim agit) de insomniis, 2. — Eine ſehr

überzeugende Auseinandersetzung der Sache findet man, unter an=
dern, in Darwin's Zoonomia p. 19 seqq. — Ich werde die dem
Auge überhaupt eigenthümliche Reaktion auf äussern Reiz seine
Thätigkeit nennen und zwar, näher, die Thätigkeit der Re=
tina; da diese der unbezweifelte Sitz Dessen ist, was beim Sehn
in der blossen Empfindung besteht.   Dasjenige, was durch sich
selbst, unmittelbar und ursprünglich, diese Thätigkeit anreizt, ist
das Licht.   Das die volle Einwirkung des Lichts empfangende
Auge äussert also die volle Thätigkeit der Retina. Mit
Abwesenheit des Lichtes, oder Finsterniß, tritt Unthätigkeit
der Retina ein.

Körper, welche unter Einwirkung des Lichtes auf sie, ganz
wie das Licht selbst auf das Auge zurückwirken, sind glänzend,
oder Spiegel.

Weiß aber sind die Körper, welche, der Einwirkung des
Lichtes ausgesetzt, nicht ganz wie das Licht selbst auf das Auge
zurückwirken, sondern mit einer geringen Verschiedenheit, nämlich
mit einer gewissen Milderung und gleichmäßigen Verbreitung, die
man, wenn man nicht von der Erscheinung im Auge auf ihre
Ursache abgehn will, nicht näher bestimmen kann, als daß sie die
Abwesenheit des Glanzes und der strahlenden Beschaffenheit des
Lichtes sei. Man könnte, wie man strahlende Wärme von der
diffundirten unterscheidet, die Weisse diffundirtes Licht nennen.
Will man aber die Wirkung durch die Ursache ausdrücken, dann
ist Göthe's Erklärung des auf physischem Wege erscheinenden
Weissen, daß es die vollendete Trübe sei, überaus treffend und
richtig.   Körper, welche, unter Einwirkung des Lichtes auf sie,
gar nicht auf das Auge zurückwirken, sind schwarz.

Vom Glanze wird in dieser ganzen Betrachtung, als etwas
ihren Gegenstand nicht Angehendem, abgesehn. Das Weisse wird
als das zurückwirkende Licht, und daher die Wirkung beider (des
Lichtes und des Weissen) auf das Auge als im Wesentlichen die
selbe angesehn. Wir sagen demnach: unter Einwirkung des Lich=
tes, oder des Weissen, ist die Retina in voller Thätigkeit:
mit Abwesenheit jener beiden aber, d. h. bei Finsterniß, oder
Schwarz, tritt Unthätigkeit der Retina ein.

§. 3.
Intensiv getheilte Thätigkeit der Retina.

Die Einwirkung des Lichtes und des Weissen auf die Retina und die aus ihr erfolgende Thätigkeit derselben hat Grade, in denen, mit stetigem Uebergang, das Licht der Finsterniß und das Weisse dem Schwarzen sich annähert. Im ersten Fall heißen sie Halbschatten und im andern Grau. Wir erhalten also folgende zwei Reihen der Bestimmungen der Thätigkeit der Retina, die im Wesentlichen nur eine Reihe ausmachen und bloß durch den Nebenumstand der unmittelbaren, oder der vermittelten Einwirkung des Reizes auseinandertreten:

Licht;   Halbschatten;   Finsterniß.
Weiß;   Grau;   Schwarz.

Die Grade der verminderten Thätigkeit der Retina (Halbschatten und Grau) bezeichnen eine nur theilweise Intensität derselben; ich nenne deshalb die Möglichkeit solcher Grade überhaupt die intensive Theilbarkeit der Thätigkeit der Retina.

§. 4.
Extensiv getheilte Thätigkeit der Retina.

Wie wir die Thätigkeit der Retina intensive theilbar fanden, so kann dieselbe auch, da sie einem ausgedehnten Organ inhärirt, eben mit diesem, extensive getheilt werden: wodurch eine extensive Theilbarkeit der Thätigkeit der Retina gegeben ist.

Das Daseyn dieser ergiebt sich schon daraus, daß das Auge mannigfaltige Eindrücke zugleich, also nebeneinander, erhalten kann. Besonders hervorgehoben aber wird es durch die von Göthe (Farbenlehre, Bd. I. S. 9 und 13) dargestellte Erfahrung, daß ein schwarzes Kreuz auf weissem Grunde, eine Weile angesehen und dann diesen Eindruck gegen den gleichgültigen einer grauen oder dämmernden Fläche vertauscht, die umgekehrte Erscheinung im Auge veranlaßt, nämlich ein weisses Kreuz auf schwarzem Grunde. Der Versuch läßt sich jeden Augenblick am Fensterkreuze machen. Diese Erscheinung erklärt sich daraus, daß auf denjenigen Stellen der Retina, welche vom weissen Grunde getroffen wurden, die Thätigkeit derselben durch diesen Reiz so erschöpft ist, daß sie

gleich darauf nicht mehr merklich erregt werden kann durch den
viel geringern Reiz der grauen Fläche, welche hingegen auf die
übrigen, vorhin vom schwarzen Kreuz getroffenen und während
dieser Unthätigkeit ausgeruhten Stellen, mit ihrer ganzen Kraft
wirkt und daselbst einen dieser angemessenen intensiven Grad der
vollen Thätigkeit der Retina hervorruft. Demnach ist die Umkehrung der Erscheinung hier eigentlich nur scheinbar, wenigstens nicht, wie man übrigens zu glauben geneigt seyn möchte,
spontan, nämlich eine wirkliche Aktion, in die der vorhin ausge-
ruhte Theil von selbst geriethe: denn, wenn man, nach erhalte-
nem Eindruck, das Auge schließt (wobei man aber die Augen mit
der Hand bedecken muß), oder ins völlig Finstere sieht, so kehrt
die Erscheinung sich nicht um; sondern blos der empfangene Eindruck dauert eine Weile fort; wie Dies auch Göthe angiebt (F.
L. Bd. 1. Th. 1, §. 20): diese Thatsache würde mit jener Annahme nicht zu vereinigen seyn. Wenn man jedoch hiebei die
Augen mit der Hand zu bedecken vernachlässigt; so wird das durch
die Augenlieder eindringende Licht die oben angeführte Wirkung
einer grauen Fläche thun und demnach die Erscheinung allerdings
sich umkehren: daß aber Dies die Folge des besagtermaassen ein-
dringenden Lichtes ist, geht daraus hervor, daß, sobald man alsdann die Augen mit der Hand bedeckt, die Umkehrung sogleich
wegfällt. Diese Erfahrung hat schon Franklin gemacht, dessen
eigenen Bericht darüber Göthe wiedergiebt, im historischen Theil
seiner Farbenlehre. — Es ist erfordert, daß man hierüber im
Klaren sei, damit man die wesentliche Verschiedenheit dieser Erscheinung von der sogleich zu erörternden wohl erkenne.

§. 5.
Qualitativ getheilte Thätigkeit der Retina.

Die bis hieher dargestellte und keinem Zweifel unterworfene
intensive und extensive Theilbarkeit der Thätigkeit der Retina läßt
sich zusammenfassen unter den gemeinsamen Begriff einer quantitativen Theilbarkeit der Thätigkeit der Retina. Num-
mehr aber ist mein Vorhaben zu zeigen, daß noch eine dritte,
von jenen beiden toto genere verschiedene Theilung jener Thätigkeit vorgehn kann, nämlich eine qualitative, und daß diese

wirklich vollzogen wird, sobald dem Auge irgend eine Farbe, auf welchem Wege es auch sei, gegenwärtig ist. Zu dieser Betrachtung bietet uns die am Ende des vorigen Paragraphs erwähnte Erscheinung einen bequemen Uebergang dar. Ich werde sie sogleich nochmals vor die Augen bringen.

Zuvor aber muß ich hier dem Leser die Eröffnung machen, daß zum Verständniß des jetzt folgenden eigentlichen Kerns meiner Theorie der Farbe die Autopsie unerläßlich ist, er also die hier sogleich anzugebenden Versuche selbst nachzumachen hat. Glücklicherweise ist Dies äusserst leicht. Es bedarf dazu weiter nichts, als einiger, in den anzugebenden Farben, lebhaft gefärbter Stückchen Papiers, oder Seidenbandes, welche man in die hier angenommene Scheibenform, oder auch in jede beliebige andere, wenige Quadratzolle groß, schneidet, solche auf eine graue, oder weiße Stubenthüre leicht befestigt und alsdann, nach etwan 30 Sekunden unverwandten Anschauens derselben, sie schnell wegreißt, jedoch die Stelle, welche sie einnahmen, im Auge behält, woselbst jetzt, statt der dagewesenen, eine völlig andere Farbe, in der selben Figur, sich zeigt. Diese kann nicht ausbleiben: sollte man sie nicht sogleich wahrnehmen; so liegt Dies bloß am Mangel gehöriger Aufmerksamkeit und der Gewohnheit darauf zu achten. Die größte Energie erlangt das Experiment, wenn man Stückchen lebhaft gefärbter Seide an die Fensterscheibe klebt, wo man sie vom Lichte durchdrungen sieht. — Ohne diese Autopsie aber wird man nicht eigentlich wissen, wovon im weitern Verfolg durchweg die Rede ist, sondern sich mit blossen Worten herumschleppen.

Man betrachte also zuvörderst, 20 bis 30 Sekunden hindurch, eine weiße Scheibe auf schwarzem Grunde, und sehe sodann auf eine dämmernde oder hellgraue Fläche: da wird dem Auge sich eine schwarze Scheibe auf hellem Grunde darstellen. Dies ist noch völlig die Erscheinung der extensiven Theilbarkeit der Thätigkeit der Retina. Auf der Stelle derselben nämlich, welche von der weißen Scheibe affizirt war, ist hiedurch die Sehkraft auf eine Weile erschöpft, wodurch völlige Unthätigkeit derselben, unter schwächerem Reize, eintritt. Man kann Dies damit vergleichen, daß ein Tropfen Schwefeläther, der auf der Hand verdunstet, die Wärme dieser Stelle wegnimmt, bis sie allmälig sich wieder herstellt. — Nunmehr aber setze man an die

Stelle der weissen Scheibe eine gelbe. Jetzt wird, wenn man
auf die graue Fläche blickt, statt der schwarzen Scheibe, welche
die völlige Unthätigkeit dieser Stelle der Retina aussprach), sich
eine violette darstellen. Dies ist was Göthe treffend das physiologische Farbenspektrum nennt; wie er denn auch sämmtliche
hiehergehörige Thatsachen, mit großer Richtigkeit und erschöpfen-
der Vollständigkeit, dargestellt hat, jedoch darüber nicht hinaus-
gegangen ist. Uns nun aber beschäftigt gegenwärtig das Rationale der Sache, also der hier vor sich gehende physiologische Pro-
ceß, und wird es um so ernstlicher, als, meiner Meinung nach,
allein aus der richtigen Erklärung desselben ein wahres Verständniß des eigentlichen Wesens der Farbe überhaupt möglich ist, aber
aus ihr klar hervorgeht, sobald man nur Augen und Kopf zugleich anwenden will. Nämlich aus der Anschauung des besagten
Phänomens und aus der aufmerksamen Vergleichung Dessen, was
auf eine weisse, mit Dem, was auf eine gelbe Scheibe im Auge
folgt, ergiebt sich mir nachstehende Erklärung dieses Vorgangs,
welche zunächst keiner andern Begründung fähig ist, noch bedarf,
als eben der unmittelbaren Beurtheilung des Phänomens selbst,
indem sie bloß der richtige Ausdruck desselben ist. Denn hier sind
wir zu dem Punkte gelangt, wo der sinnliche Eindruck das Sei-
nige gethan hat, weiter nichts zu geben vermag, und nunmehr
die Reihe an die Urtheilskraft kommt, das empirisch Gegebene zu
verstehn und auszusprechen. Jedoch wird die Richtigkeit dieser
Erklärung aus unsrer ferneren Betrachtung, die jenes Phänomen
unter seinen verschiedenen Phasen verfolgt, mehr und mehr hervortreten, endlich aber ihre volle Bestätigung erhalten durch die
§. 10 darzulegende Rechnungsprobe der Sache.

Bei der Darstellung der gelben Scheibe im Auge ist nicht,
wie vorhin von der weissen, die volle Thätigkeit der Retina
erregt und dadurch mehr oder weniger erschöpft worden; sondern
die gelbe Scheibe vermochte nur einen Theil derselben hervorzurufen, den andern zurücklassend; so daß jene Thätigkeit der Retina
sich nunmehr qualitativ getheilt hat und in zwei Hälften auseinander getreten ist, davon die eine sich als gelbe Scheibe dar-
stellte, die andre dagegen zurückblieb und nun von selbst, ohne
neuen äußern Reiz, als violettes Spektrum nachfolgt. Beide,
die gelbe Scheibe und das violette Spektrum, als die bei dieser

Erscheinung getrennten qualitativen Hälften der vollen Thätigkeit
der Retina, sind zusammengenommen dieser gleich: ich nenne da=
her, und in diesem Sinn, jede das Komplement der andern.
Da nun aber ferner der Eindruck des Gelben dem des vollen
Lichtes, oder des Weissen, viel näher kommt, als der Eindruck
des Violetten; so müssen wir zur ersten Annahme sogleich die
zweite fügen, nämlich daß die qualitativen Hälften, in welche
hier die Thätigkeit der Retina sich theilte, einander nicht gleich
sind, sondern die gelbe Farbe ein viel größerer qualitativer Theil
jener Thätigkeit ist, als ihr Komplement, die violette. Man be=
merke aber wohl, daß das unwesentliche Hell und Dunkel, wel=
ches die Vermischung der Farbe mit Weiß oder Schwarz ist und
unten noch besonders erörtert werden soll, hier nicht gemeint ist
und nichts zur Sache thut. Jede Farbe nämlich hat einen Punkt
der größten Reinheit und Freiheit von allem Weiß und Schwarz,
welcher Punkt, auf Runge's sehr sinnreich erdachter Farben=
kugel, durch den Aequator, der vom weissen und schwarzen Pol
gleich fern liegt, dargestellt ist. Auf diesen Aequator nämlich sind
sämmtliche Farben aufgetragen, mit ganz unmerklichen Uebergän=
gen der einen in die andere; so daß z. B. das Roth, nach der
einen Seite hin, ganz allmälig ins Orange, dieses ins Gelbe,
dieses ins Grüne, dieses ins Blaue, dieses ins Violette übergeht,
welches letztere wieder zum Roth zurückkehrt. Diese sämmtlichen
Farben aber zeigen nur auf dem Aequator sich in voller Energie,
und verlieren diese, nach dem schwarzen Pole hin, durch Verdun=
kelung, nach dem weissen hin, durch Verblassung, mehr und mehr.
Auf diesem Punkt ihrer größten Energie nun also, wie solche der
Aequator darstellt, hat jede Farbe eine innere und wesentliche An=
näherung zum Weissen, oder Aehnlichkeit mit dem Eindruck des
vollen Lichtes, und andrerseits wieder eine dieser im umgekehrten
Verhältniß entsprechende Dunkelheit, also Annäherung zur Fin=
sterniß. Durch diesen jeder Farbe wesentlichen und eigenthüm=
lichen Grad von Helle, oder Dunkelheit, sind sie demnach, auch
abgesehn von ihrer sonstigen Differenz, schon von einander ver=
schieden, indem die eine dem Weissen, die andere dem Schwarzen
näher steht; und diese Verschiedenheit ist augenfällig. Jene der
Farbe wesentliche innere Helle ist von aller ihr durch zufällige
Beimischung gegebenen sehr unterschieden, indem die Farbe sie

im Zustand ihrer größten Energie beibehält, das zufällige, einge=
mischte Weiß aber diese schwächt. So ist z. B. Violett unter allen
Farben die wesentlich dunkelste, unwirksamste; Gelb dagegen die
wesentlich hellste und heiterste: nun kann zwar das Violette, durch
Beimischung von Weiß, sehr hell werden; aber es erhält dadurch
keine größre Energie, vielmehr verliert es nur noch mehr von der
ihm eigenthümlichen, und wird in ein blasses, mattes, dem Hell=
grau ähnliches Lila verwandelt, das keineswegs sich mit der Ener=
gie des Gelben vergleichen kann, ja nicht einmal die des Blauen
je erreicht. Umgekehrt kann man allen und auch den wesentlich
hellsten Farben, durch Beimischung von Schwarz, jeden beliebigen
Grad von Dunkelheit ertheilen; welches ihnen aufgedrungene Dun=
kel aber ebenfalls sogleich ihre Energie schwächt: so, wenn aus
Gelb Braun wird. An der Wirksamkeit der Farben als solcher
also, an ihrer Energie, läßt sich erkennen, ob sie rein sind und
frei von allem ihrem Wesen fremden Schwarz oder Weiß. Durch
seine innere, wesentliche Helligkeit nun, giebt das Gelbe sich als
einen ungleich größeren qualitativen Theil der Thätigkeit des Au=
ges zu erkennen, als sein Komplement, das Violette, welches viel=
mehr von allen Farben die dunkelste ist.

Man lasse nunmehr die zum Beispiel gebrauchte vorhin gelbe
Scheibe rothgelb werden; so wird das Violett des darauf er=
scheinenden Spektrums sich vom Rothen genau so viel entfernen,
als die Scheibe sich demselben genähert hat: ist diese gerade in
der Mitte zwischen Gelb und Roth, also Orange; so ist das
Spektrum rein Blau. Das Orange ist vom Weißen, als der
vollen Thätigkeit der Retina, schon ferner, als das Gelbe, und
dagegen das Blau, sein Komplement, um eben so viel dem Weißen
näher, als das Violette. Hier sind also die qualitativen Hälften
der getheilten Thätigkeit sich schon viel weniger ungleich. Ganz
gleich werden sie endlich, wenn die Scheibe roth und das Spektrum
vollkommen grün wird. Unter Roth ist hier jedoch Göthe's Pur=
pur, d. h. das wahre, reine, weder ins Gelbe, noch ins Violette
irgend ziehende Roth (so ziemlich die Farbe des auf einer weißen
Porzellantasse aufgetrockneten Karmins), zu verstehn, nicht aber
Newton's Roth, das prismatische, als welches ganz und gar gelb=
roth ist. Jenes wahre, reine Roth nun also ist vom Weißen und
vom Schwarzen gerade so weit entfernt, wie sein Komplement,

das vollkommene Grün. Demnach stellen diese beiden Farben die in zwei gleiche Hälften qualitativ getheilte Thätigkeit der Retina dar. Hieraus erklärt sich ihre auffallende, jede andere übertreffende Harmonie, die Stärke, mit der sie sich fordern und hervorrufen, und die ausgezeichnete Schönheit, die wir jeder derselben für sich und noch mehr beiden neben einander zuerkennen; daher keine andere Farbe den Vergleich mit ihnen aushält und ich diese beiden völlig gleichen Hälften der qualitativ getheilten Thätigkeit der Retina, Roth und Grün, χρωματα κατ’ εξοχην, couleurs par excellence nennen möchte; weil sie das Phänomen der Bipartition der Thätigkeit der Retina in höchster Vollkommenheit darstellen. Denn in jedem anderen Farbenpaar steht die eine Farbe dem Weissen näher, als dem Schwarzen, und die andere umgekehrt: nur in diesem ist es nicht so; die Theilung der Thätigkeit der Retina ist hier in eminentem Grade qualitativ, das Quantitative macht sich nicht, wie dort, direkt fühlbar. — Geht nun endlich unsere zuletzt roth gewesene Scheibe ins Blaurothe (Violette) über; so wird nunmehr das Spektrum gelb, und wir durchwandern den selben Kreis in entgegengesetzter Richtung.

Folgende Verhältnisse lassen sich freilich vor der Hand nicht beweisen und müssen insofern sich gefallen lassen hypothetisch zu heißen*): allein aus der Anschauung erhalten sie eine so entschiedene, unmittelbare Bewährung und Ueberzeugungskraft, daß schwerlich Jemand sie im Ernst und aufrichtig ableugnen wird; daher eben auch der Prof. A. Rosas, der im ersten Bande seines Handbuchs der Augenheilkunde sich per fas et nefas das Meinige ancignet, diese Verhältnisse geradezu als selbstevident einführt (das Nähere hierüber findet man im „Willen in der Natur“, 2. u. 3. Aufl. S. 15). Wie nämlich Roth und Grün die beiden völlig gleichen qualitativen Hälften der Thätigkeit der Retina sind, so ist Orange ⅔ dieser Thätigkeit, und sein Komplement Blau nur ⅓; Gelb ist ¾ der vollen Thätigkeit, und sein Komplement Violett nur ¼. Es darf uns hiebei nicht irre machen, daß Violett, da es zwischen Roth, das ½ ist, und Blau, das ⅓ ist,

---

*) Die Angabe zweier, allenfalls zum Beweise für sie dienender Experimente findet man am Ende des §. 13.

in der Mitte liegt, doch nur ¼ seyn soll: es ist hier wie in der Chemie: aus den Bestandtheilen läßt sich die Qualität der Zusammensetzung nicht vorhersagen. Violett ist die dunkelste aller Farben, obgleich es aus zwei hellern, als es selbst ist, entsteht; daher es auch, sobald es nach einer oder der andern Seite sich neigt, heller wird. Dies gilt von keiner andern Farbe: Orange wird heller, wenn es zum Gelben, dunkler, wenn es zum Rothen sich neigt; Grün, heller nach der gelben, dunkler nach der blauen Seite; Gelb, als die hellste aller Farben, thut umgekehrt das Selbe, was sein Komplement, das Violett: es wird nämlich dunkler, es mag sich zur orangen oder zur grünen Seite neigen. — Aus der Annahme eines solchen, in ganzen und den ersten Zahlen ausdrückbaren Verhältnisses, und zwar allein daraus, erklärt es sich vollkommen, warum Gelb, Orange, Roth, Grün, Blau, Violett feste und ausgezeichnete Punkte im sonst völlig stetigen und unendlich nüancirten Farbenkreise, wie ihn der Aequator der Runge'schen Farbenkugel darstellt, sind, und man sie durch Beilegung besonderer Namen überall und von jeher dafür erkannt hat. Liegen ja doch zwischen ihnen unzählige Farbennüancen, deren jede eben so gut einen eigenen Namen haben könnte: worauf also beruht das Vorrecht jener sechs? Auf dem soeben angeführten Grunde, daß in ihnen die Bipartition der Thätigkeit der Retina sich in den einfachsten Brüchen darstellt. Gerade so, wie auf der Tonleiter, welche ja ebenfalls in einen von der untern zur obern Oktave, durch unmerkliche Uebergänge, heulend aufsteigenden Ton sich auflösen läßt, die 7 Stufen abgesteckt sind (wodurch eben sie zur Leiter, scala, wird) und eigene Namen erhalten haben, abstrakt als Prime, Sekunde, Terz u. s. w., konkret als ut, re, mi u. s. w., bloß aus dem Grunde, daß die Schwingungen gerade dieser Töne in rationalem Zahlenverhältniß zu einander stehn. — Bemerkenswerth ist es, daß schon Aristoteles gemuthmaaßt hat, daß dem Unterschiede der Farben, wie dem der Töne, ein Zahlenverhältniß zum Grunde liegen müsse und daß, jenachdem dasselbe rational oder irrational wäre, die Farben rein oder unrein ausfielen. Nur weiß er nicht, worauf eigentlich dasselbe beruhen soll. Die Stelle steht im Buche de sensu et sensibili, c. 3, in der Mitte: εστι μεν ουν ουτως υπολαβειν κ. τ. λ.; wobei ich bemerke, daß man vor τρια γαρ einzuschalten hat τα μεν.

Anmerkung. Man hat nicht Anstoß daran zu nehmen, daß, indem
die qualitative Theilung der Thätigkeit des Auges zum Unterschied und im
Gegensatz der bloß quantitativen aufgestellt worden, dennoch bei jener von
gleichen und ungleichen Hälften, also einem quantitativen Verhältniß, die
Rede ist. Jede qualitative Theilung nämlich ist zugleich, in einer untergeordneten Hinsicht, eine quantitative. So ist jede chemische Scheidung eine
qualitative Theilung der Materie, im Gegensatz der bloß quantitativen, mechanischen Theilung: nothwendig ist aber auch jene zugleich immer noch eine
quantitative, ein Theilen der Masse als Masse, eben wie die mechanische. —

Die gegebene Erklärung der Farbe ist also im Wesentlichen
folgende. Die Farbe ist die qualitativ getheilte Thätigkeit der Retina. Die Verschiedenheit der Farben ist das Resultat der Verschiedenheit der qualitativen Hälften, in welche diese
Thätigkeit auseinandergehn kann, und ihres Verhältnisses zu einander. Gleich können diese Hälften nur Ein Mal seyn, und
dann stellen sie das wahre Roth und das vollkommene Grün dar.
Ungleich können sie in unzähligen Verhältnissen seyn, und daher
ist die Zahl der möglichen Farben unendlich. Jeder Farbe wird,
nach ihrer Erscheinung, ihr im Auge zurückgebliebenes Komplement zur vollen Thätigkeit der Retina, als physiologisches
Spektrum nachfolgen. Dies geschieht, weil die Nervennatur der
Retina es mit sich bringt, daß, wenn sie, durch die Beschaffenheit eines äußern Reizes, zur Theilung ihrer Thätigkeit in zwei
qualitativ verschiedene Hälften genöthigt worden ist, dann der
vom Reiz hervorgerufenen Hälfte, nach Wegnahme desselben, die
andere von selbst nachfolgt: indem nämlich die Retina den natürlichen Trieb hat, ihre Thätigkeit ganz zu äußern, sucht sie, nachdem solche auseinandergerissen war, sie wieder zu ergänzen. Ein
je größerer Theil der vollen Thätigkeit der Retina eine Farbe ist,
ein desto kleinerer muß ihr Komplement zu dieser Thätigkeit seyn:
d. h. je mehr eine Farbe, und zwar wesentlich, nicht zufällig, hell,
dem Weissen nahe ist, desto dunkler, der Finsterniß näher, wird
das nach ihr sich zeigende Spektrum seyn; und umgekehrt. Da
der Farbenkreis eine zusammenhängende stetige Größe, ohne innre
Gränzen, ist, und alle seine Farben durch unmerkliche Nüancen in
einander übergehn; so erscheint es, wenn man auf diesem Stand-
punkt stehn bleibt, als beliebig, wie viele Farben man annehmen
will. Nun aber finden sich bei allen Völkern, zu allen Zeiten,
für Roth, Grün, Orange, Blau, Gelb, Violett, besondere Namen,

welche überall verstanden werden, als die nämlichen, ganz bestimm=
ten Farben bezeichnend; obschon diese in der Natur höchst selten
rein und vollkommen vorkommen: sie müssen daher gewissermaaßen
a priori erkannt seyn, auf analoge Weise, wie die regelmäßigen
geometrischen Figuren, als welche in der Wirklichkeit gar nicht
vollkommen darzustellen sind und doch von uns, mit allen ih=
ren Eigenschaften, vollkommen erkannt und verstanden werden.
Wenn nun gleich jene Namen den wirklichen Farben meistens
nur a potiori beigelegt werden, d. h. jede vorkommende Farbe
nach derjenigen aus jenen sechs benannt wird, der sie am näch=
sten kommt; so weiß doch Jeder sie von der Farbe, der jener
Name im engsten Sinne angehört, noch immer zu unterscheiden
und anzugeben, ob und wie sie von dieser abweicht, z. B. ob
ein empirisch gegebenes Gelb rein sei, oder ob es ins Grüne
oder Orange ziehe: er muß also eine Norm, ein Ideal, eine
Epikurische Anticipation*) der gelben und jeder Farbe, unabhän=
gig von der Erfahrung, in sich tragen, mit welcher er jede wirk=
liche Farbe vergleicht. Den Schlüssel hiezu giebt uns einzig und
allein die Erkenntniß, daß das sich als in gewissen ganzen und
den ersten Zahlen ausdrückbar darstellende Verhältniß der beiden
Hälften, in welche, bei den angeführten Farben, die Thätigkeit
der Retina sich theilt, diesen drei Farbenpaaren einen Vor=
zug giebt, der sie vor allen andern auszeichnet. Demgemäß be=
zieht unsre Prüfung der Reinheit einer gegebenen Farbe, z. B.
ob dieses Gelb genau ein solches sei, oder aber ins Grüne, oder
auch ins Orange falle, sich auf die genaue Richtigkeit des durch
sie ausgedrückten Bruchs. Daß wir aber dies arithmetische Ver=
hältniß durch das bloße Gefühl beurtheilen können, erhält einen
Beleg von der Musik, deren Harmonie auf den viel größeren
und complicirteren Zahlenverhältnissen der gleichzeitigen Schwin=
gungen beruht, deren Töne wir jedoch, nach dem bloßen Ge=
höre, höchst genau und dennoch arithmetisch beurtheilen; so daß
jeder regelrecht beschaffene Mensch im Stande ist, anzugeben, ob
ein angeschlagener Ton die richtige Terz, Quint, oder Octav

---

*) anticipationem, quam appellat προληψιν Epicurus, i. e. antecep-
tam animo rei quandam informationem, sine qua nec intelligi quid-
quam, nec quaeri, nec disputari potest. (Cic. de nat. Deor. I, 16.)

eines andern sei. Wie die sieben Töne der Skala sich von den
unzähligen andern, der Möglichkeit nach, zwischen ihnen liegen=
den nur durch die Rationalität ihrer Vibrationszahlen auszeichnen;
so auch die sechs mit eigenen Namen belegten Farben von den
unzähligen zwischen ihnen liegenden nur durch die Rationalität
und Simplicität des in ihnen sich darstellenden Bruches der Thä=
tigkeit der Retina. Wie ich, ein Instrument stimmend, die Rich=
tigkeit eines Tones dadurch prüfe, daß ich seine Quint oder Octav
anschlage; so prüfe ich die Reinheit einer vorliegenden Farbe da=
durch, daß ich ihr physiologisches Spektrum hervorrufe, dessen
Farbe oft leichter zu beurtheilen ist, als sie selbst: so habe ich
z. B., daß das Grün des Grases stark ins Gelbe fällt, erst
daraus ersehn, daß das Roth seines Spektrums stark ins Violette
zieht. Wenn wir nicht eine subjektive Anticipation der 6 Haupt=
farben hätten, die uns eine Norm a priori für sie giebt; so wür=
den wir, da dann die Bezeichnung derselben durch eigene Namen
bloß konventionell wäre, wie die der Modefarben es wirklich ist,
über die Reinheit einer gegebenen Farbe kein Urtheil haben und
demnach Manches gar nicht verstehen können, z. B. was Göthe
vom wahren Roth sagt, daß es nicht das gewöhnliche Scharlach=
roth sei, als welches gelbroth ist, sondern mehr das des Kar=
mins; während jetzt Dies sehr wohl verständlich und dann auch
einleuchtend ist.

Aus meiner Darstellung ergiebt sich folgendes Schema:

Schwarz, Violett, Blau, Grün, Roth, Orange, Gelb, Weiß.

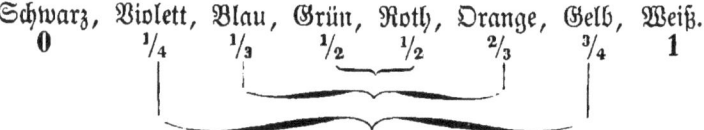

Schwarz und Weiß, da sie keine Brüche, also keine qualitative
Theilung darstellen, sind nicht, im eigentlichen Sinne, Farben;
wie man Dies auch allezeit erkannt hat. Sie stehn hier bloß
als Gränzpfosten, zur Erläuterung der Sache. Die wahre Farben=
theorie hat es demnach stets mit Farbenpaaren zu thun, und
die Reinheit einer gegebenen Farbe beruht auf der Richtigkeit des
in ihr sich darstellenden Bruchs. Hingegen eine bestimmte An=
zahl, z. B. sieben, unabhängig von der Thätigkeit der Retina

und den Verhältnissen ihrer Theilbarkeit, realistisch, da draußen vorhandener Ur=Farben, die zusammen die Summe aller Farben ausmachten, anzunehmen, ist absurd. Die Zahl der Farben ist unendlich: dennoch enthalten jede zwei entgegengesetzte Farben die Elemente, die volle Möglichkeit aller andern. Hierin liegt die Ursache davon, daß wenn man von den chemischen drei Grundfarben, Roth, Gelb, Blau, ausgeht, jede von ihnen die beiden andern im Verein zum Komplement hat. Denn die Farbe erscheint immer als Dualität; da sie die qualitative Bipartition der Thätigkeit der Retina ist. Chromatologisch darf man daher gar nicht von einzelnen Farben reden, sondern nur von Farbenpaaren, deren jedes die ganze, in zwei Hälften zerfallne Thätigkeit der Retina enthält. Die Theilungspunkte sind unzählig, und, als durch äußere Ursachen bestimmt, insofern für das Auge zufällig. Sobald aber die eine Hälfte gegeben ist, folgt die andre, als ihr Komplement, nothwendig. Dies ist dem zu vergleichen, daß in der Musik der Grundton willkührlich, mit ihm aber alles andere bestimmt ist. Es war, dem Gesagten zufolge, eine doppelte Absurdität, die Summe aller Farben aus einer ungeraden Zahl bestehn zu lassen: hierin blieben aber die Newtonianer sich immer treu, wenn sie auch von der Zahl, welche ihre Meister festgesetzt, abgiengen und bald fünf bald drei Urfarben annahmen.

§. 6.
Polarität der Retina und Polarität überhaupt.

Diese nunmehr dargestellte, sich qualitativ theilende Thätig=keit der Retina glaube ich mit dem vollsten Recht eine Polari=tät nennen zu können, ohne zu den häufigen Misbräuchen, welche dieser Begriff in der Periode der Schelling'schen Naturphilosophie erlitten hat, einen neuen zu fügen. Jene eigenthümliche Funktion der Retina wird dadurch unter einen Gesichtspunkt gebracht mit andern Erscheinungen, mit welchen sie Dieses gemein hat, daß zwei, in specie entgegengesetzte, in genere aber identische Er=scheinungen wesentlich einander bedingen, dergestalt, daß keine ohne die andere weder gesetzt noch aufgehoben werden kann, dennoch aber so, daß sie nur in der Trennung und im Gegen=

faße bestehn und ihre Vereinigung, nach der sie beständig streben, eben das Ende und Verschwinden beider ist. Die Polarität
der Retina hat indessen das Unterscheidende, daß bei ihr in der
Zeit, also successiv ist, was bei den andern polarischen Erscheinungen im Raum, also simultan. Ferner hat sie das Besondere, daß der Indifferenzpunkt, wiewohl innerhalb gewisser
Gränzen, verrückbar ist. Der hier aufgestellte und mit dem
anschaulichsten Beispiele verbundene Begriff einer qualitativ
getheilten Thätigkeit möchte sogar der Grundbegriff aller
Polarität seyn und unter ihn sich Magnetismus, Elektricität
und Galvanismus bringen lassen, von welchen Jedes nur die
Erscheinung einer in zwei sich bedingende, sich suchende und zur
Wiedervereinigung strebende Hälften zerfallenen Thätigkeit ist.
In diesem Sinne können wir sodann einen auf sie alle passen-
den Ausdruck in Plato's Worten aufstellen: επειδη ουν ή φυσις
διχα ετμηϑη, ποϑουν έκαστον το ήμισυ το αύτου, ξυνηει. Auch
fallen sie unter den großen chinesischen Gegensatz des Yin und
Yang. Die Polarität des Auges könnte sogar, als die zunächst
liegende, uns über das innere Wesen aller Polarität in mancher Hinsicht Aufschlüsse geben. Indem man die bei den andern
übliche Bezeichnung auch auf sie anwendet, wird man nicht an-
stehn, das + dem Roth, Orange und Gelb, hingegen das —
dem Grün, Blau und Violett beizulegen; weil die hellste Farbe
und der größte Zahlenbruch der negativen Seite, das Grün,
an Quantität der Thätigkeit, erst der dunkelsten Farbe und dem
kleinsten Bruch der positiven Seite, dem Roth, gleichkommt.
Dieser polare Gegensatz muß sich bei der vollkommensten Theilung der Thätigkeit der Retina, welches die in zwei gleiche
Hälften ist, am schärfsten aussprechen; daher denn Roth das
Auge so merklich angreift und Grün dagegen es ausruht. —
Ob nun vielleicht, bei solcher qualitativen Theilung der Thätigkeit der Retina, die Choroidea, oder auch das pigmentum
nigrum, auf irgend eine Weise, mitwirke, könnte am Ersten
aus der Obduktion der Augen solcher Personen abzunehmen
seyn, denen die Fähigkeit Farben zu sehn abgieng, und auf
welche ich weiter unten zurückkommen werde.

§. 7.

Die schattige Natur der Farbe.

Zu der aufgestellten Theorie der Farbe gehört nun aber wesentlich noch folgende, für dieselbe, wie auch für Göthe's Farbenlehre, sehr wichtige Betrachtung, welche, das bis hieher Vorgetragene als feststehend genommen, eine Ableitung a priori des von Göthe so nachdrücklich behaupteten und wiederholt ur= girten, wesentlichen σχιερον der Farbe ist. Bekanntlich bezeichnet er mit diesem Ausdruck ihre dem Schatten, oder dem Grau, verwandte Natur, vermöge welcher sie stets heller, als Schwarz, und dunkler, als Weiß ist.

Wir haben bei der qualitativ getheilten Thätigkeit der Retina das Hervortreten der einen Hälfte wesentlich bedingt gefunden durch die Unthätigkeit der andern, wenigstens auf der selbigen Stelle. Unthätigkeit der Retina aber ist, wie oben gesagt, Finsterniß. Demnach muß das als Farbe erscheinende Her= vortreten der qualitativen Hälfte der Thätigkeit der Retina durchaus von einem gewissen Grade von Finsterniß, also von einiger Dunkelheit, begleitet seyn. Dies hat sie nun gemein mit der intensiv getheilten Thätigkeit der Retina, die wir oben im Grau, oder Halbschatten, erkannt haben: und diese Gemein= schaft eben, Dieses, daß dort qualitativ ist, was hier intensiv, hat Göthe richtig aufgefaßt und durch den Ausdruck σχιερον bezeichnet. Jedoch waltet hierbei folgender sehr bedeutender Unterschied ob. Daß die Thätigkeit der Retina, der Intensi= tät nach, nur theilweise ist, führt keine specifische und wesent= liche Veränderung derselben herbei und bedingt keinen eigen= thümlichen Effekt; sondern es ist eben nur eine zufällige, grad= weise Verminderung der vollen Thätigkeit. Bei der qualitativ theilweisen Thätigkeit der Retina hingegen, hat die hervor= tretende Thätigkeit der einen Hälfte die Unthätigkeit der andern zur wesentlichen und nothwendigen Bedingung: denn sie besteht nur durch diesen Gegensatz. Aus dieser Scheidung aber und ihren mannigfaltigen Verhältnissen entspringt der eigenthüm= liche Reiz, der heitere und ergötzliche Eindruck der Farbe, im Gegensatz des ihr an Helligkeit gleichen, aber traurigen Grau; wie auch ihr, bei aller Verschiedenheit der Farben, sich

gleich bleibendes, ganz specifisches Wesen. Dieses beruht näm=
lich gerade darauf, daß, vermöge eines polaren Auseinander=
tretens, die lebhafte Thätigkeit der einen Hälfte die gänzliche
Ruhe der andern zur Stütze hat. Hieraus erklärt sich auch,
warum das Weiße, wenn zwischen Farben befindlich, so auf=
fallend nüchtern aussieht; während das Grau trübsälig und das
Schwarz finster ist. Imgleichen wird begreiflich, warum Ab=
wesenheit des Reizes der Farbe, also Schwarz und Weiß, jenes
bei uns, dieses bei den Chinesen, Trauer symbolisiren. — In
Folge des Unterschiedes zwischen bloß intensiver und qualitativer
Theilung der Thätigkeit der Retina können wir ganz füglich
den Halbschatten und das Grau gleichnißweise eine bloß
mechanische, wenn gleich unendlich feine Mengung des Lichts
mit der Finsterniß nennen; hingegen die, in der qualitativ
partiellen Thätigkeit der Retina bestehende, Farbe, als eine
chemische Vereinigung und innige Durchdringung des Lichts und
der Finsterniß ansehn: denn Beide neutralisiren hier gleichsam
einander, und indem jedes seine eigene Natur aufgiebt, entsteht ein
neues Produkt, das mit jenen beiden nur noch entfernte Aehn=
lichkeit, dagegen hervorstechenden eigenen Charakter hat. Diese
aus der qualitativ theilweisen Thätigkeit der Retina nothwendig
hervorgehende Vermählung des Lichts mit der Finsterniß, deren
Phänomen die Farbe ist, bewährt und erläutert also was Göthe
vollkommen richtig und treffend bemerkt hat, daß die Farbe
wesentlich ein Schattenartiges, ein σκιερον sei. Ueber
diesen Göthe'schen Satz aber hinaus, lehrt sie uns noch, daß
eben Dasjenige, was in jeder dem Auge gegenwärtigen Farbe,
als Ursache ihrer dunkleren Natur, die Rolle des σκιερον spielt,
es wieder ist, was nachher als nachfolgendes Spektrum hervor=
tretend, dem Auge erscheint: in diesem Spektrum selbst aber
übernimmt die vorher dagewesene Farbe nunmehr die Rolle des
σκιερον, indem ihr Inhalt das jetzige Deficit ausmacht.

§. 8.
Verhältniß der aufgestellten Theorie zur Newtonischen.

In der dargelegten schattigen Natur der Farbe könnte man
gewissermaaßen die Quelle der Newtonischen Irrlehre suchen,

„daß die Farben Theile des bei der Brechung zersplitterten
Lichtstrahls wären". Er sah nämlich, daß die Farbe dunkler
ist, als das Licht, oder das Weiße, nahm nun als extensiv was
intensiv ist, als mechanisch was dynamisch ist, als quantitativ
was qualitativ ist, als objektiv was subjektiv ist, indem er im
Lichte suchte was im Auge zu suchen war, und ließ demnach
den Lichtstrahl aus sieben farbigen, noch dazu (Spartam quam
nactus es orna!) in ihrem Verhältniß den sieben Intervallen
der Tonleiter gleichen Strahlen zusammengesetzt seyn, denen die
Farbe, nach vom Auge unabhängigen Gesetzen, als eine qualitas occulta einwohne. Daß er dabei die Siebenzahl einzig
und allein der Tonleiter zu Liebe gewählt hat, ist nicht dem
mindesten Zweifel unterworfen: er durfte ja nur die Augen auf-
machen, um zu sehn, daß im prismatischen Spektrum durchaus
nicht 7 Farben sind, sondern bloß vier, von denen, bei größerer
Entfernung des Prisma's, die zwei mittleren, Blau und Gelb,
über einander greifen und dadurch Grün bilden. Daß noch
jetzt die Optiker 7 Farben im Spektrum aufzählen, ist der Gipfel
der Lächerlichkeit. Wollte man es aber ernsthaft nehmen, so
wäre man, 44 Jahre nach dem Auftreten der Göthe'schen Farbenlehre, berechtigt, es eine unverschämte Lüge zu nennen: denn
man hat nachgerade Geduld genug gehabt.

Daß bei allen Dem auch im Newtonischen Irrthum ein
entferntes Analogon, eine Ahndung der Wahrheit gelegen hat,
ist nicht abzuleugnen und ergiebt sich eben von dem Gesichtspunkt unsrer Betrachtung aus. Dieser gemäß nämlich haben
wir, statt des getheilten Lichtstrahls, eine getheilte
Thätigkeit der Retina: jedoch statt der sieben Theile haben
wir nur zwei, aber auch wieder unzählige, je nachdem man es
nimmt. Denn die Thätigkeit der Retina wird bei jeder möglichen Farbe halbirt; aber der Durchschnittspunkte gleichsam sind
unzählige und daraus entspringen die Nüancen der Farben, die,
auch abgesehn vom Blaß oder Dunkel derselben, wovon bald
die Rede seyn wird, unzählig sind. Demnach wären wir auf
diese Weise von einer Theilung des Sonnenstrahls zu
einer Theilung der Thätigkeit der Retina zurückgeführt.
Dieser Weg der Betrachtung überhaupt aber, der vom beob-
achteten Gegenstand auf den Beobachter selbst, vom Objektiven

zum Subjektiven, zurück geht, ließe sich durch ein Paar der
glänzendesten Beispiele in der Geschichte der Wissenschaften em=
pfehlen und als der richtige beurkunden: denn

Non aliter, si parva licet componere magnis,

hat Kopernikus an die Stelle der Bewegung des ganzen Fir=
maments, die der Erde, und der große Kant an die Stelle der
objectiv erkannten und in der Ontologie aufgestellten, absoluten
Beschaffenheiten aller Dinge, die Erkenntnißformen des Subjekts
gesetzt. Γνῶϑι σαυτὸν stand auf dem Tempel zu Delphi!

Anmerkung. Da wir hier einmal darauf aufmerksam geworden, daß
wir in unsrer Erklärung der Farbe vom Lichte zum Auge zurückgegangen
sind, so daß für uns die Farben nichts weiter, als in polaren Gegensätzen
erscheinende Aktionen des Auges selbst sind; so mag auch die Bemerkung
Platz finden, daß eine Ahndung hievon immer dagewesen ist, sofern die
Philosophen stets gemuthmaaßt haben, daß die Farbe vielmehr dem Auge,
als den Dingen angehöre; wie denn auch besonders Locke unter seinen
sekundären Qualitäten der Dinge allemal die Farbe obenan stellt und
überhaupt kein Philosoph jemals die Farbe für einen wirklichen wesent=
lichen Bestandtheil der Körper hat wollen gelten lassen, während mancher
nicht etwan nur Ausdehnung und Gewicht, sondern auch jede Beschaffen=
heit der Oberfläche, das Weiche und Harte, Glatte und Rauhe, ja zur
Noth lieber den Geruch und Geschmack des Dings für wirkliche konstitui=
rende Bestandtheile desselben gelten ließ, als die Farbe. Andrerseits
mußte man doch die Farbe als etwas dem Dinge Anhängendes, zu seinen
Eigenschaften Gehörendes anerkennen, aber dennoch wiederum als Etwas,
das bei den allerverschiedensten Dingen sich völlig gleich, und bei übrigens
gleichen verschieden findet, daher unwesentlich seyn muß. Dies alles
machte die Farbe zu einem schwierigen, perplexen und darum verdrieß=
lichen Thema. Dieserhalb sagt denn auch ein alter Skribent, wie Göthe
anführt: „Hält man dem Stier ein rothes Tuch vor, so wird er wüthend;
aber der Philosoph, wenn man nur überhaupt von der Farbe spricht, fängt
an zu rasen."

Ein wesentlicher Unterschied meiner Theorie von der Neu=
tonischen besteht noch darin, daß diese, (wie schon erwähnt)
jede Farbe bloß als eine qualitas occulta (colorifica) eines der
sieben homogenen Lichter anführt, ihr einen Namen giebt und
sie dann laufen läßt; wobei die specifische Verschiedenheit der
Farben und die eigenthümliche Wirkung einer jeden ganz und
gar unerklärt bleibt. Meine Theorie hingegen giebt über
diese Eigenthümlichkeiten Aufschluß und macht uns begreiflich,
worin der Grund des specifischen Eindrucks und der besondern

Wirkung jeder einzelnen Farbe liege; indem sie uns dieselbe er=
kennen lehrt als einen ganz bestimmten, durch einen Bruch aus=
gedrückten Theil der Thätigkeit der Retina, ferner als entweder
zur += oder zur —=Seite des Auseinandertretens jener Thä=
tigkeit gehörig. Wir erhalten also erst hier die bisher stets
vermißte Annäherung unsers Gedankens von der Farbe zur
Empfindung derselben. Denn selbst Göthe begnügt sich damit,
die Farben in warme und kalte einzutheilen und stellt das
Uebrige seinen ästhetischen Betrachtungen anheim.

Die nunmehr im Umriß aufgestellte Theorie der Farbe,
welcher zu Folge diese eine qualitativ partielle Thätigkeit der
Retina ist, führt von selbst, und noch mehr wenn man ihre
oben berührte Analogie mit der Newtonischen Irrlehre be=
trachtet, auf die Frage, ob denn nicht, durch Wiedervereinigung
der beiden qualitativen Hälften der Thätigkeit der Retina, welche
sich uns in jeder Farbe und ihrem physiologischen Komplement
darstellen, die volle Thätigkeit der Retina, d. i. die Wirkung
des reinen Lichtes, oder des Weissen sich herstellen lasse, —
eben wie, nach Newtons Behauptung, aus den sieben Farben
der ganze Lichtstrahl, oder das Weisse, sich wieder zusammen=
setzen lassen soll. Inwiefern nun diese Frage, in Hinsicht auf
Theorie und Praxis, zu bejahen sei, wird besser gezeigt werden
können, nachdem die aufgestellte Theorie der Farbe noch durch
folgende ihr angehörige Erörterung ergänzt seyn wird.

§. 9.

Ungetheilter Rest der Thätigkeit der Retina.

Ausser dem Verhältniß der Farben zu einander, im in sich
geschlossenen durch völlig stetige Uebergänge verschmolzenen Far=
benkreise, bemerken wir, wie schon oben (§. 5) berührt, noch,
daß jede Farbe an und für sich ein Maximum von Energie
hat, welches auf der Runge'schen Farbenkugel der Aequator
darstellt, und von welchem abgehend, sie einerseits durch Ver=
blassen ins Weisse, andrerseits durch Verdunkeln ins Schwarze
sich verliert. Unsrer Darstellung gemäß ist dies nur folgender=
maaßen zu erklären. Indem, durch äußern Reiz veranlaßt, die
volle Thätigkeit der Retina sich qualitativ theilt und so irgend

eine Farbe entsteht, kann jedoch ein Theil dieser vollen Thätigkeit unzersetzt bleiben. Ich rede nicht von einem Theil der
Retina, der in ungetheilter Thätigkeit bleiben kann, während
die Thätigkeit eines andern sich qualitativ theilt: dies wird noch
unten zur Sprache kommen; sondern ich sage: die Thätigkeit
der Retina, gleichviel ob auf ihrer ganzen Fläche, oder einem
Theil derselben, kann, indem sie, zur Hervorbringung der Farbe,
sich qualitativ theilt, noch einen ungetheilten Rest zugleich
beibehalten, und dieser wiederum kann entweder ganz aktiv,
oder ganz ruhend, oder zwischen beiden, d. h. intensiv theilweise thätig seyn. Nach Maaßgabe hievon nun wird alsdann
die Farbe, statt in ihrer vollen Energie, sich blaß, oder auch
schwärzlich, in vielen Abstufungen, zeigen. Man sieht leicht
ein, daß in diesem Fall eine Vereinigung der intensiven Theilung der Thätigkeit der Retina mit der qualitativen Statt hat.
Am anschaulichsten wird dieses dadurch, daß, wenn man eine
durch ein ihr unwesentliches Schwarz verdunkelte und geschwächte
Farbe betrachtet, ihr darauf als Spektrum sich zeigendes Komplement um eben so viel durch Bläße geschwächt erscheint.
Wenn man eine Farbe lebhaft, energisch, brennend nennt, so
bedeutet dies, dem Gesagten zufolge, eigentlich, daß bei ihrer
Gegenwart die ganze Thätigkeit des Auges sich rein theile, ohne
daß ein ungetheilter Rest übrig bleibe.

§. 10.
Herstellung des Weissen aus Farben.

Ich kehre jetzt zurück zu der oben aufgeworfenen Frage,
nach der Wiederherstellung der vollen Thätigkeit der Retina, oder
des Weissen, durch Vereinigung zweier entgegengesetzter Farben.
Es ergiebt sich von selbst, daß wenn diese Farben schwärzlich
waren, d. h. ein Theil der Thätigkeit der Retina unzersetzt und
zugleich auch inaktiv blieb, diese Finsterniß durch jene Vereinigung nicht aufgehoben wird, also Grau übrig bleibt.
Waren aber die Farben in voller Energie, d. h. die Thätigkeit
der Retina ohne Ueberrest getheilt, oder auch waren sie blaß,
d. h. war der unzersetzte Ueberrest derselben aktiv; so muß,
zufolge unsrer Theorie, welche zwei entgegengesetzte Farben als

gegenseitige Ergänzungen zur vollen Thätigkeit der Retina,
durch deren Theilung sie entstanden sind, betrachtet, ohne allen
Zweifel, die Vereinigung solcher Farben die volle Thätigkeit der
Retina herstellen, also den Eindruck des reinen Lichts, oder des
Weissen, hervorbringen. Auf ein Beispiel angewandt ließe sich
dieses in Formeln so ausdrücken:

Roth = voller Thätigkeit der Retina — Grün
Grün = voller Thätigkeit der Retina — Roth

Roth + Grün = voller Thätigkeit der Retina = der Wirkung des
Lichts, oder des Weissen.

Auch die praktische Darstellung hiervon hat keine Schwierigkeit, sobald wir bei den Farben im engsten Sinne stehn
bleiben, d. h. bei den Affektionen des Auges. Alsdann aber
haben wir es allein mit physiologischen Farben zu thun, zudem
wäre das Resultat des Experiments bloß ihr Ausbleiben, und
dieser experimentale Beweis möchte Manchem zu immateriell
und ätherisch vorkommen. Er ist übrigens dieser. Wenn man
z. B. ein lebhaftes Roth ansieht, so wird ein grünes Spektrum
folgen; sieht man ein Grün an, so folgt ein rothes Spektrum.
Blickt man nun aber, nach angeschautem Roth, sogleich und
mit derselben Stelle der Retina eben so lange auf ein wirkliches
Grünes, so bleiben beide Spektra aus.

Eigentliche Ueberzeugung kann nur das Experiment der
Herstellung des Weissen aus physischen, oder gar aus chemischen
Farben bewirken. Hier ist es aber immer einer besondern
Schwierigkeit unterworfen. Wenn wir nämlich uns an diese
Farben halten wollen; so sind wir eigentlich von der Farbe
abgegangen zu der Ursache, die als Reiz auf das Auge wirkend,
es zur Hervorbringung der Farbe, d. h. zur qualitativen Theilung seiner Thätigkeit, veranlaßt. Weiter unten wird von den
Ursachen der Farbe in diesem Sinn und ihrem Verhältniß zur
Farbe im engsten Sinn die Rede seyn. Hieher gehört nur
Folgendes. Die Herstellung des Weissen aus zwei Farben beruht, unserer Theorie zu Folge, einzig und allein auf physio-
logischem Grunde, nämlich darauf, daß es zwei Farben seien,
in welche die Thätigkeit der Retina auseinander getreten ist,
also ein physiologisches Farbenpaar, in welchem Sinn allein

und ausschließlich sie Ergänzungsfarben zu nennen sind. Solche zwei Farben müssen, zur Herstellung des Weissen aus ihnen, ganz eigentlich wieder vereinigt werden, und zwar auf der Retina selbst, also dadurch, daß die beiden gesonderten Hälften der Thätigkeit dieser zugleich angeregt werden, woraus dann ihre volle Thätigkeit, das Weisse, sich herstellt. Dies aber kann nur dadurch geschehn, daß die zwei äussern Ursachen, jede von welchen im Auge die Ergänzungsfarbe der andern erregt, ein Mal zugleich und doch gesondert auf eine und die selbe Stelle der Retina wirken. Dies nun wieder ist nur unter besondern Umständen und Bedingungen möglich. Zunächst kann es nicht dadurch geschehn, daß man zwei chemische Farben zusammen= mischt: denn diese wirken alsdann zwar im Verein, aber nicht gesondert. Dazu kommt, daß in der äussern materiellen Ursache der Farbe (d. h. in der chemischen oder physischen Farbe) nicht nur für die Aktivität der einen Hälfte der Thätigkeit der Re= tina, sondern auch für die Ruhe der andern, welche als das der Farbe wesentliche σκιερον erscheint, eine ihr entsprechende konkrete Ursache, ein materieller Repräsentant, sich vorfinden muß, welcher, auch nach der Vereinigung entgegengesetzter Far= ben, als Materie beharrt, seine Wirkung zu thun fortfährt und immer Grau verursachen wird. Er giebt zwar, sobald, durch die Vereinigung der Gegensätze, die Farben als Farben ver= schwunden sind, die Rolle auf, die er bei Hervorbringung der= selben spielte: allein er bleibt jetzt als caput mortuum, oder als ihre abgeworfene Hülle zurück, und wie er vorhin zur qua= litativen Theilung der Thätigkeit der Retina beitrug, so wirkt er jetzt eine intensiv theilweise Thätigkeit derselben, d. h. Grau. Dieserwegen nun wird ·an chemischen Farben, ihrer durchaus materialen Natur wegen, die Herstellung des Weissen aus einem Farbenpaar wohl nie dargestellt werden können, wenn nicht etwan besondre Modifikationen hinzutreten: ein Bei= spiel jener Herstellung unter solchen werde ich etwas weiter unten beibringen. Hingegen bei physischen Farben, ja, in ein= zelnen Fällen, beim Verein physischer und chemischer, läßt jene Darstellung sich schon ausführen. Ist indessen bei der physischen Farbe die vermittelnde Trübe grob materialer Natur und viel= leicht auch noch dazu nicht ganz gleichartig und stellenweis

undurchsichtig, wie ein angerauchtes Glas, ein kohlenführender
Rauch, ein Pergament u. dgl.; so gelingt auch hier, aus den
angeführten Gründen, das Experiment nicht vollkommen. Dies
ist hingegen der Fall bei den prismatischen Farben: denn hier
ist das Trübe, als ein bloßes Nebelbild, von so zarter Natur,
daß, wenn es, bei der Vereinigung entgegengesetzter Farben,
auch nicht wirklich aufgehoben wird, es entweder, sobald es
nicht mehr durch seine Stellung, vermöge welcher es die Farben
hervorbrachte, bedeutsam ist, auch nicht mehr sichtbar bleibt,
oder auch, wie jede gehäufte Trübe, eben Weiß giebt. — Man
erzeuge, im objektiven prismatischen Versuch, durch die Vereinigung des Violett eines Prismas mit dem Gelbroth eines
andern, das wahre Roth (Göthe's Purpur), führe auf dieses
das Grün aus der Mitte eines dritten Prismas, und die Stelle
erscheint weiß. Göthe selbst führt (Bd. I, p. 600, §. 556)
diesen Versuch an, will ihn jedoch, wegen seiner, übrigens
gerechten, Polemik gegen Newton, nicht als Beispiel und Beweis der Herstellung des Weissen aus Farben gelten lassen.
Allein der Grund, den er dagegen vorbringt, daß nämlich hier
ein dreifaches Sonnenlicht das eigentlich doch vorhandene Grau
unsichtbar mache, ist in der That nicht triftig. Denn jede dieser
drei prismatischen Farben enthält hier schon das σκιερον so
gut, als das Sonnenlicht, in sich. Wie nun jedes dieser drei
σκιερον für sich, des mit ihm verbundenen Lichtes ungeachtet,
doch in jeder einzelnen der drei Farben sichtbar ist, so kann
dadurch, daß drei solche σκιερα mit sammt ihren drei Lichtern
vereinigt werden, das Ganze nicht an Helle gewinnen. Wenn
Divisor und Dividendus mit der gleichen Zahl multiplicirt werden, ändert der Quotient sich nicht. Nicht die vermehrte Er-
leuchtung also, die durch das vermehrte Dunkel aufgewogen
wird, sondern der Gegensatz der Farben ist es, der hier den Eindruck des reinen Lichts oder des Weissen herstellt. Zugleich
leichter und deutlicher, dabei noch augenscheinlicher dem Göthe'-
schen Einwurf nicht unterworfen, kann man dies Experiment
auf folgende Weise machen. Man führe zwei prismatische Far-
benspektra dergestalt über einander, daß das Violett des ersten
das Gelb des zweiten, und das Blau des ersten das Orange
(Newton's Roth) des zweiten deckt; dann wird eben falls aus

der Vereinigung eines jeden dieser zwei Farbenpaare Weiß ent=
stehn, und zwar wird, weil beide Farbenpaare neben einander
liegen, die weiße Stelle noch einmal so breit seyn, als im
vorigen Versuch. Dies ist Newton's 13tes Experiment des 2ten
Theils des ersten Buchs. Dennoch stimmt es durchaus nicht
zu seiner Theorie: denn er mag nun (wie er nach Gelegenheit
abwechselnd thut) sieben oder unzählige homogene Lichter an=
nehmen; so decken sich hier überall immer nur zwei, nicht aber
sieben oder unzählige. Man kann dies Experiment auch mit
einem Prisma ausführen. Auf schwarzem Grunde habe man
zwei weiße Quadrate, ein größeres und ein kleineres; letzteres
3 bis 4 Linien unter dem andern. Diese betrachte man durch
das Prisma, und gehe nun so lange rückwärts, bis das Violett
des kleineren das Gelb des größeren und das Blau des klei=
neren das Orange (Newton's Roth) des größeren bedeckt; wo
dann diese ganze Stelle weiß erscheinen wird. So läßt sich
also mit prismatischen Farben die Herstellung des Weißen an
allen drei Hauptfarbenpaaren zeigen. Ferner läßt der Versuch
sich subjektiv sogar mit Hinzuziehung einer chemischen Farbe
machen: nur muß man alsdann ein solches Farbenpaar wählen,
das aus den ungleichsten qualitativen Hälften der Thätigkeit
der Retina besteht, also Gelb und Violett, und zwar muß die
größte, also wesentlich hellste Hälfte die chemische Farbe, die
kleinere, also dunklere, die physische Farbe sein; weil nur dann
das beharrende materielle σκιερον der chemischen Farbe nicht
Masse genug hat, um merklich zu wirken. Man sehe ein ener=
gisch gelbes, völlig ebenes und fleckenloses Papier auf weißem
Grund durch das Prisma an: die Stelle wo der violette Saum
das Gelbe deckt, wird völlig weiß erscheinen. Das Selbe ge=
schieht, wenn man das objektive Spektrum auf ein gelbes Papier
fallen läßt; doch ist wegen der undeutlicheren Ränder des ob=
jektiven Spektrums der Erfolg hier nicht ganz so frappant.
Mit den andern Farbenpaaren gelingt dieser Versuch unvoll=
kommener, doch um so besser, je heller wesentlich die chemische
Farbe ist. Einen ähnlichen und oft sich sogar von selbst ein=
stellenden Versuch liefert der, im Mai die Gärten und meistens
auch, in Vasen, die Zimmer zierende Spanische Flieder (Syringa
vulgaris, in Niedersachsen Sirene, in Süddeutschland Nägelchen,

Franz. lila) und zwar die violettblauen Exemplare desselben, indem er beim Kerzenlichte weiß erscheint: denn sein bläuliches Violett wird vollkommen ergänzt durch das ins Orange ziehende Gelb der Kerzenbeleuchtung. Endlich sogar aus zwei chemischen Farben läßt sich das Weiße herstellen, unter der besondern Bestimmung, daß solche, eben wie die physischen, vom Lichte durchdrungen seien und daher ihr σκιερον, sobald es, indem durch Aufhebung des Gegensatzes die Farben verschwinden, seine Bedeutsamkeit verliert, für sich nicht merklich mehr wirken kann, z. B. durch Vereinigung einer transparenten mit einer reflektir= ten Farbe, wenn man auf einen Spiegel aus blauem Glase das Licht durch ein rothgelbes Glas fallen läßt. Sogar mit einer nicht transparenten Farbe gelingt es noch: man werfe in eine Schaale aus blauem Glase eine Gold= und eine Silber= Münze: jene wird weiß, diese blau erscheinen. Desgleichen, ein auf beiden Seiten blau gefärbtes Papier abgespiegelt von polirtem Kupfer. Ferner eine Rose, bloß von dem durch eine grünseidene Gardine fallenden Lichte beleuchtet. Und endlich auch aus zwei nicht transparenten chemischen Farben, in einem von Helmholtz (in seiner Habilitationsschrift „über die Theorie der zusammengesetzten Farben", 1852, p. 19) angegebenen Experiment. Helmholtz giebt folgende Art der Herstellung des Weissen aus Komplementärfarben an: eine senkrecht aufgestellte Spiegelscheibe; auf deren einen Seite ein Rothes, etwan ein Stück Papier, eine Oblate; auf der andern ein Grünes, so gesehn, daß das Spiegelbild des Grünen das Rothe decke; — giebt Weiß. Bei allen diesen Versuchen müssen jedoch die bei= den Farben von gleicher Energie und gleicher Reinheit seyn. Endlich scheint sogar ausnahmsweise ein aus der wirklichen Ver= bindung zweier chemischer, jedoch im transparenten Zustande befindlicher Farben hergestelltes Weiß alles weiße Glas zu seyn, wie ich Dies schon in der ersten Auflage, also 1816, angegeben habe. Nämlich in den Glashütten geräth bekanntlich meist alles Glas ursprünglich grün; wovon die Ursache sein Eisengehalt ist. Dieses ins Gelbliche ziehende Grün läßt man aber nur dem schlechtern Glase: um es aufzuheben und weisses Glas zu liefern, braucht man, als empirisch gefundenes Gegenmittel, einen Zu= satz von Braunstein; welches Manganoxyd aber an sich das

Glas violettlich roth färbt, wie an den rothen Glasflüssen zu
sehn und auch daran, daß wenn, bei der Verfertigung des
weißen Glases, zu viel Braunstein der grünen Masse zugesetzt
ist, das Glas röthlich spielt, wie manche Biergläser und vorzüg=
lich die Englischen Fensterscheiben.

Die angeführten Beispiele mögen hinreichen zur Bestätigung
Dessen, was aus meiner Theorie nothwendig folgt, daß aus
zwei entgegengesetzten Farben das Weiße allerdings herzustellen
ist; sobald man es nur so anzustellen weiß, daß die beiden
äußern erregenden Ursachen zweier Ergänzungsfarben, ohne sich
selbst direkt zu vermischen, zugleich auf die selbe Stelle der
Retina wirken. Diese Herstellung nun aber ist ein schlagender
Beweis der Wahrheit meiner Theorie. Das Faktum selbst wird
nirgends geleugnet; aber die wahre Ursache wird nicht begrif=
fen; sondern man legt demselben, und zugleich der Thatsache
des physiologischen Farbenspektrums, in Gemäßheit der New=
tonischen Pseudotheorie, eine ganz falsche Auslegung unter.
Ersteres nämlich soll, wie bekannt, auf dem Wiederzusammen=
kommen der 7 homogenen Lichter beruhen; davon weiterhin:
für das physiologische Spektrum aber gilt noch immer die Er=
klärung, welche, bald nach der Entdeckung desselben durch Büf=
fon, der Pater Scherffer gegeben hat, in seiner „Abhandlung
von den zufälligen Farben", Wien, 1765, und früher „de
coloribus accidentalibus", 1761. Sie geht dahin, daß das
Auge, durch das längere Anschauen einer Farbe ermüdet, für
diese Sorte homogener Lichtstrahlen die Empfänglichkeit verlöre;
daher es dann ein gleich darauf angeschautes Weiß nur mit
Ausschluß eben jener homogenen Farbenstrahlen empfände, wes=
halb es dasselbe nicht mehr weiß sähe, sondern statt dessen ein
Produkt der übrigen homogenen Strahlen, die mit jener ersten
Farbe zusammen das Weiße ausmachen, empfände: dieses Pro=
dukt nun also soll die als physiologisches Spektrum erscheinende
Farbe seyn. Diese Auslegung der Sache läßt sich aber ex
suppositis als absurd erkennen. Denn nach angeschautem Vio=
lett erblickt das Auge auf einer weißen (noch besser aber auf
einer grauen) Fläche ein gelbes Spektrum. Dieses Gelb
müßte nun das Produkt der, nach Ausscheidung des Violetten
übrig bleibenden 6 homogenen Lichter, also aus Roth, Orange,

Gelb, Grün, Blau und Indigoblau zusammengesetzt seyn: dar=
aus Gelb zu brauen probire man! Vor Allen probire es Herr
Pouillet, welcher, als ächter und geschworener Stock=New=
tonianer, sich nicht entblödet, in seinen allbekannten Eléments
de physique, Vol. 2, p. 223, die knollige Absurdität hinzu=
schreiben: l'orangé et le vert (mithin die 3 chemischen Grund=
farben) donne du jaune. Man sollte meynen, daß diese Chro=
matiker blind wären; doch sind sie blos blindgläubig. Eigentlich
aber sind für sie die Farben bloße Worte, bloße Namen, oder
gar Zahlen: sie kennen sie nicht wirklich, sie sehn sie nicht an.
Dem Melloni kann ich es noch immer nicht vergessen, daß
ich, vor ungefähr 25 Jahren, in einem von ihm aufgesetzten
Verzeichniß aller Farben mit ihren Nüancen, ein grünliches
Roth angeführt gefunden habe!*) — Aus der obigen Mischung
der 6 übrigen Farben also wird sich nie etwas Anderes, als
Straßenkothfarbe ergeben, statt Gelb. Zudem ist ja das Gelb
selbst ein homogenes Licht, wie sollte es denn erst das Resultat
jener Mischung seyn? Aber schon die einfache Thatsache, daß
ein homogenes Licht, für sich allein, vollkommen die komple=
mentare, als physiologisches Spektrum ihm nachfolgende Farbe
des andern ist, wie Gelb des Violetten, Blau des Orangen,
Roth des Grünen, und vice versa, stößt die Scherffer'sche Er=
klärung über den Haufen; indem es zeigt, daß was nach an=
haltendem Anschauen einer Farbe das Auge auf der weißen
Fläche erblickt, nichts weniger als eine Vereinigung der 6
übrigen homogenen Lichter, sondern stets nur eines derselben
ist: z. B. nach angeschautem Violett, Gelb. Auch darf nicht
angenommen werden, daß, nach Wegnahme eines der 7 homo=
genen Lichtstrahlen, die übrigen 6 im Verein jetzt nichts weiter,

---

*) Humboldt im dritten Bande des Kosmos spricht von der Farbe
als rechtgläubiger, imperturbirter Newtonianer in folgenden Stellen:
pp. 86, 93, 108, 129, 169, 170, 300, besonders p. 496 und dazu Nota
539 „die am meisten brechbaren Farben im Spektro, vom Blau bis zum
Violett, ergänzen sich, Weiß zu bilden, mit den weniger brechbaren von
Roth bis Grün. (!) Das gelbe Mondlicht erscheint bei Tage weiß, weil
die blauen Luftschichten, durch welche wir es sehn, die Komplementär=
farben zum Gelb darbieten"! Er beweist seine Qualifikation zum Urtheilen
über Farben p. 295, wo er von röthlich grün spricht!

als die Farbe eines einzigen andern aus ihrer Zahl darstellen
sollten: denn da würde man eine Ursache ohne Wirkung an=
nehmen, indem die 5 andern die Farbe jenes einzigen nicht
veränderten. Das Unstatthafte der Scherffer'schen Erklärung
geht auch schon daraus hervor, daß das physiologische Farben=
spektrum nicht allein auf einem weißen Grunde gesehn wird,
sondern auch vollkommen gut und deutlich auf einem völlig
schwarzen und dazu beschatteten Grunde, ja sogar mit geschlos=
senen und noch dazu mit der Hand bedeckten Augen. Dies hatte
bereits Büffon angegeben, und Scherffer selbst gesteht es,
§. 17 seiner Schrift, ein. Hier haben wir nun wieder einen
Fall, wo einer falschen Theorie, sobald sie zu einem bestimmten
Punkte gelangt ist, die Natur geradezu in den Weg tritt und
ihr die Lüge ins Gesicht wirft. Auch wird hiebei Scherffer
sehr betreten und gesteht, hier liege die größte Schwierigkeit.
Jedoch, statt an seiner Theorie, die nimmermehr damit bestehn
kann, irre zu werden, greift er nach allerlei elenden und ab=
surden Hypothesen, windet sich erbärmlich und läßt zuletzt die
Sache auf sich beruhen. Endlich auch auf jeder gefärbten Fläche
stellt das physiologische Spektrum sich dar; wo freilich ein Kon=
flikt ihrer Farbe mit der physiologischen entsteht: demgemäß er=
scheint, wenn man, ein durch angestarrtes Violett erregtes
gelbes Spektrum im Auge habend, ein blaues Papier ansieht,
Grün, entstehend aus der Verbindung des Blauen und Gelben:
Dies beweist unwiderleglich: daß das physiologische Spektrum
dem Grunde, auf den es fällt, etwas hinzufügt, nicht aber
von ihm etwas abzieht: denn aus Blau wird nicht durch
irgend eine Wegnahme Grün, sondern durch eine Hinzufügung,
nämlich des Gelben. — Uebrigens ist begreiflicherweise eine
weiße und noch viel mehr eine graue, oder beschattete Fläche
dem Hervortreten des physiologischen Farbenspektrums besonders
günstig: weil, was die Thätigkeit des Auges überhaupt erregt,
auch das spontane Hervortreten ihrer qualitativen Hälfte ent=
gegenkommend erleichtern muß: eine graue Fläche, die schon an
sich nur einen Theil, nämlich einen intensiven, der Thätigkeit
des Auges hervorruft, muß das bereits determinirte Hervor=
treten eines qualitativen Theils vorzüglich begünstigen. Auch
hängt dieses mit dem zusammen, was Göthe (Bd. 1, S. 216)

bemerkt, daß die chemische Farbe eines weißen Grundes bedürfe um zu erscheinen. — Daß der Schatten, bei farbiger Beleuchtung, nur dann das Komplement dieser Farbe zeigt, wann ihn eine zweite farblose Beleuchtung erhellt, kommt daher, daß jeder Schatten nur Halbschatten ist, und jener daher auch, wenn gleich nur schwach, von der farbigen Beleuchtung tingirt ist, welche Färbung erst indem eine farblose Beleuchtung auf ihn fällt, in dem Grade verdünnt und geschwächt wird, daß, wo er das Auge trifft, dieses das Komplement der farbigen Beleuchtung hervorbringen kann. — Gegen die Scherffer'sche Auslegung des physiologischen Spektrums spricht ebenfalls die bekannte Erfahrung, daß wir dasselbe am deutlichsten und leichtesten früh Morgens, gleich nach dem Erwachen, ansichtig werden: gerade dann aber ist, in Folge der langen Ruhe, die Retina in vollster Kraft, also am wenigsten geeignet, durch das, einige Sekunden lang fortgesetzte, anhaltende Anschauen einer Farbe ermüdet und bis zur Unempfindlichkeit gegen dieselbe abgestumpft zu werden. — Alles hier Angeführte beweist unwiderleglich, daß das physiologische Spektrum aus der selbsteigenen Kraft der Retina erzeugt wird, zur Aktion derselben gehört, nicht aber ein durch die Ermüdung derselben mangelhaft und verkümmert ausfallender Eindruck einer weißen Fläche ist. Ich mußte aber diese Scherffer'sche Auslegung gründlich widerlegen; weil sie, bei den Newtonianern, noch in Geltung steht. Mit Bedauern erwähne ich, daß sogar Cüvier sie vorgebracht hat, in seiner Anatomie comparée, lec. 12, art. 1; worauf dieselbe als seine eigene neue Erfindung verkündet und belobt worden ist in Jameson's Edinburgh' new philosophical Journal, 1828, April—Sept., p. 190. Daß die gemeinen Kompendienschreiber sie noch immer wiederkauen, ist nicht der Erwähnung werth, und daß Prof. Dove, noch im Jahr 1853, in seiner „Darstellung der Farbenlehre", sie S. 157 uns zum Besten giebt, darf uns in einem Buche dieser Art nicht wundern.

Auf jener Scherffer'schen Theorie beruht nun aber die ganze Lehre von den komplementären Farben aller heutigen Physiker und all ihr Gerede darüber. Als wahre Inkurable verstehn sie die Sache noch immer objektiv, im Newton'schen Sinn: demgemäß bezieht ihr häufig erwähntes Komplement

sich immer nur auf das Newton'sche Spektrum von 7 Farben
und bedeutet einen Theil dieser, getrennt von den übrigen, die
dadurch ergänzt werden zum weissen Lichte als der Summe
aller homogenen Lichter; wie Dies auch Pouillet, in seinen
Eléments de physique, vol. 2, §. 393, ausführlich darlegt.
Diese Auffassung der Sache ist aber grundfalsch und absurd:
und daß sie 44 Jahre nach Göthe's Farbenlehre und 40 Jahre
nach dieser meiner Theorie noch in vollem Ansehn steht und der
Jugend aufgebunden wird, ist unverzeihlich.

Andrerseits jedoch ist nicht zu läugnen, daß Göthe, indem
er die Herstellung des Weissen aus Farben unbedingt verneinte,
zu weit gieng und von der Wahrheit abirrte. Er that es indessen nur, weil er beständig die Newtonische Irrlehre im Auge
hatte und gegen diese mit Recht behauptete, daß die Anhäufung
der Farben nicht zum Lichte führe, da jede Farbe sowohl der
Finsterniß als dem Licht angehöre: er wollte also das σκιερον
der Farbe durch jene Verneinung besonders geltend machen,
und obwohl er wußte, daß die sich physiologisch fordernden
Farben, wenn vermischt, sich als Farben zerstören, so erklärte
er dies doch hauptsächlich aus der dabei Statt habenden Mischung der drei Grundfarben im chemischen Sinn und wollte
Grau als das unbedingte und wesentliche Resultat behaupten.
Weil er nämlich nicht bis zum letzten Grund aller Farbenerscheinung überhaupt, welcher rein physiologisch ist, vorgedrun-
gen war, sondern sein Ziel im obersten Grundgesetz aller physischen Farben erreicht hatte; so war auch der wahre letzte
Grund davon, daß entgegengesetzte Farben vereinigt sich auf-
heben, weil sie nämlich qualitative Hälften der getheilten Thätigkeit der Retina sind, welche also jetzt wieder zusammengesetzt
wird, ihm noch verborgen geblieben und eben dadurch auch der
eigentliche Grund und das innere Wesen des von ihm so sehr
urgirten, von der Farbe unzertrennlichen σκιερον, daß dies
nämlich nichts Anderes, als die Erscheinung der Ruhe der in-
aktiven Hälfte der Thätigkeit der Retina ist und dasselbe folglich
durch die Wiedervereinigung beider Hälften ebenfalls ganz und
gar verschwinden muß; daß also endlich das Grau, welches die
chemischen Farben, bei ihrem Verschwinden durch Vereinigung
er Gegensätze, übrig lassen, nicht den Farben selbst, sondern

nur der materialen Bedingung in dieser ihrer grob materialen
Ursache angehört und in Bezug auf die Farben als solche ein
zufälliges genannt werden kann. Es wäre übrigens die größte
Unbilligkeit und Undankbarkeit, wenn man Göthen einen Vor=
wurf daraus machen wollte, daß in einem weitläuftigen Werk,
welches so viele Irrthümer aufdeckt und so viele neue Wahr=
heiten lehrt, diese Irrung sich vorfindet. Der wahre Grund
der Herstellung des Weissen aus zwei Farben konnte erst in
Folge meiner Theorie an den Tag kommen. Multi pertrans-
ibunt et augebitur scientia.

Jedoch andrerseits nun wieder kann man keineswegs be=
haupten, daß Newton in diesem Punkte die Wahrheit getroffen
habe. Denn wenn auch zugegeben werden muß, daß er im
Allgemeinen lehrt, aus Farben lasse sich das Weisse herstellen;
so bleibt doch der Sinn, in welchem er es sagt, nämlich die
Lehre, daß die sieben Farben die Grundbestandtheile des Lichts
seien, welches aus ihrer Vereinigung rekomponirt werde, von
Grund aus falsch. Der physiologische Gegensatz der Farben,
auf dem ihr ganzes Wesen beruht und in Bezug auf welchen
allein die Herstellung des Weissen, oder des vollen Lichteindrucks,
aus Farben, und zwar aus zwei, aus jedem beliebigen Far=
benpaar, nicht aus sieben bestimmten Farben, Statt hat, ist
ihm immer unbekannt, ja, ungeahndet geblieben, und mit diesem
auch die wahre Natur der Farbe. Zudem beweist die Her=
stellung des Weissen aus zwei Farben die Unmöglichkeit der=
selben aus sieben. Man kann also zu Gunsten Newtons weiter
nichts sagen, als daß er zufällig einen der Wahrheit nahe kom=
menden Ausspruch gethan hat. Weil er aber diesen in einem
falschen Sinn und zum Behuf einer falschen Theorie vorbrachte;
so sind auch die Experimente, durch die er ihn belegen will,
größtentheils ungenügend und falsch. Eben hiedurch verleitete
er nun Göthen, im Widerspruch gegen jene falsche Theorie, zu
viel zu leugnen. Und so ist denn der seltsame Fall eingetreten,
daß das wahre und wirkliche Faktum der Herstellung des vollen
Lichteindrucks oder des Weissen, durch Vereinigung von Farben
(man muß hier unbestimmt lassen ob zwei oder sieben), von
Newton aus einem unrichtigen Grund und zum Behuf einer
falschen Theorie behauptet, von Göthen aber im Zusammen=

hange eines sonst richtigen Systems von Thatsachen geleugnet
ist. Wäre dasselbe im Newtonischen Sinne wahr, oder über=
haupt Newtons Theorie richtig; so müßte zunächst jede Ver=
einigung zweier der von ihm angenommenen Grundfarben sofort
eine hellere Farbe, als jede von ihnen allein ist, geben; weil
die Vereinigung zweier homogener Theile des in solche zerfal=
lenen weißen Lichtes sofort ein Rückschritt zur Herstellung dieses
weißen Lichtes wäre. Allein Jenes ist nicht ein einziges Mal
der Fall. Bringen wir nämlich die drei im chemischen Sinne
fundamentalen Farben, aus denen alle übrigen zusammengesetzt
sind, paarweise zusammen; so giebt Blau mit Roth Violett,
welches dunkler ist, als jede von beiden; Blau mit Gelb giebt
Grün, welches, obwohl etwas heller als jenes, doch viel dunkler
als dieses ist; Gelb mit Roth giebt Orange, welches heller als
dieses, aber dunkler als jenes ist. Schon hierin liegt eigentlich
eine hinreichende Widerlegung der Newton'schen Theorie.

Aber die rechte, faktische, bündige und unabweisbare Wider=
legung derselben ist der achromatische Refraktor; daher eben auch
Newton, sehr konsequent, einen solchen für unmöglich hielt.
Besteht nämlich das weiße Licht aus sieben Lichtarten, deren
jede eine andere Farbe und zugleich eine andere Brechbarkeit
hat; so ist Brechung unzertrennlich von Isolation der Lichter
und sind nothwendig der Grad der Brechung und die Farbe
jedes Lichts unzertrennliche Gefährten: alsdann muß, wo Licht
gebrochen ist, es sich auch gefärbt zeigen; wie sehr auch da=
bei die Brechung vermannigfaltigt und komplicirt, hin und her,
hinauf und herab gezogen werden mag; so lange nur nicht alle
sieben Strahlen vollzählig wieder auf einen Klumpen zusammen=
gebracht sind und dadurch, nach Newton'scher Theorie, das
Weiße rekomponirt, zugleich aber auch aller Wirkung der Bre=
chung ein Ende gemacht, nämlich Alles wieder an Ort und
Stelle gebracht ist. Als nun aber die Erfindung der Achro=
masie das Gegentheil dieses Resultats an den Tag legte, da
griffen die Newtonianer, in ihrer Verlegenheit, zu einer Er=
klärung, welche man mit Göthen für sinnlosen Wortkram zu
halten, sich sehr versucht fühlt: denn, beim besten Willen, ist
es sehr schwer, ihr auch nur einen verständlichen Sinn, d. h.
ein anschaulich einigermaaßen Vorstellbares, unterzulegen. Da

ſoll nämlich neben der Farbenbrechung noch eine von ihr ver=
ſchiedene Farbenzerſtreuung Statt finden und hierunter zu
verſtehn ſeyn das Sichentfernen der einzelnen farbigen Lichter
von einander, das Auseinandertreten derſelben, welches die
nächſte Urſache der Verlängerung des Spektri wäre. Das=
ſelbe iſt aber, ex hypotheſi, die Wirkung der verſchiedenen
Brechbarkeit jener farbigen Strahlen. Beruht nun alſo dieſe
ſogenannte Zerſtreuung, d. h. die Verlängerung des Spektri,
alſo des Sonnenbildes nach der Brechung, darauf, daß das
Licht aus verſchiedenen farbigen Lichtern beſteht, deren jedes,
ſeiner Natur nach, eine verſchiedene Brechbarkeit hat, d. h. in
einem andern Winkel bricht; ſo muß doch dieſe beſtimmte Brech=
barkeit jedes Lichtes, als ſeine weſentliche, von ihm unzertrenn=
liche Eigenſchaft, ſtets und überall ihm anhängen, alſo das ein=
zelne homogene Licht ſtets auf die ſelbe Weiſe gebrochen werden,
eben wie es ſtets auf die ſelbe Weiſe gefärbt iſt. Denn der
Newton'ſche homogene Lichtſtrahl und ſeine Farbe ſind durch=
aus Eines und das Selbe: er iſt eben ein farbiger Strahl und
ſonſt nichts: mithin wo der Strahl iſt, da iſt ſeine Farbe, und
wo dieſe iſt, da iſt der Strahl. Liegt es, ex hypotheſi, in
der Natur eines jeden ſolchen, anders gefärbten Strahls, auch
in einem andern Winkel zu brechen; ſo wird ihn in dieſen und
jeden Winkel auch ſeine Farbe begleiten: folglich müſſen dann
bei jeder Brechung die verſchiedenen Farben zum Vorſchein
kommen. Um alſo der von den Newtonianern beliebten Er=
klärung „zwei verſchiedenartige brechende Mittel können das
Licht gleich ſtark brechen, aber die Farben in verſchiedenem
Grade zerſtreuen" einen Sinn unterzulegen, müſſen wir anneh=
men, daß während Krown= und Flint=Glas das Licht im
Ganzen, alſo das weiſſe Licht, gleich ſtark brechen, dennoch die
Theile, aus welchen eben dieſes Ganze durch und durch beſteht,
vom Flint= anders, als vom Krown=Glas gebrochen werden,
alſo ihre Brechbarkeit ändern. Eine harte Nuß! — Ferner
müſſen ſie ihre Brechbarkeit in der Weiſe ändern, daß, bei An=
wendung von Flintglas, die brechbarſten Strahlen noch ſtärkere
Brechbarkeit erhalten, die am wenigſten brechbaren hingegen
eine noch geringere Brechbarkeit annehmen; daß alſo dieſes
Flintglas die Brechbarkeit gewiſſer Strahlen vermehre und zu=

gleich die gewisser andern vermindere, und dabei dennoch das
Ganze, welches allein aus diesen Strahlen besteht, seine vor=
herige Brechbarkeit behalte. Nichtsdestoweniger steht dieses so
schwer faßliche Dogma noch immer in allgemeinem Kredit und
Respekt, und kann man, bis auf den heutigen Tag, aus den
optischen Schriften aller Nationen ersehn, wie ernsthaft von der
Differenz zwischen Refraktox und Dispersion geredet wird. Doch
jetzt zur Wahrheit!

Die nächste und wesentlichste Ursache der mittelst der Kom=
bination eines Konverglases aus Krown= und eines Konkav=
glases aus Flint=Glas zu Wege gebrachten Achromasie muß,
wie alle Herstellung des Weißen aus Farben, eine physio=
logische seyn, nämlich die Herstellung der vollen Thätigkeit
der Retina, auf den von den physischen Farben getroffenen
Stellen, indem daselbst, zwar nicht 7, aber doch 2 Farben,
nämlich zwei sich zu jener Thätigkeit ergänzende Farben, auf
einander gebracht werden, also ein Farbenpaar wieder vereinigt
wird. Objektiv, oder physikalisch, wird Dies, in gegenwärtigem
Fall, folgendermaassen herbeigeführt. Durch die zweimalige
Refraktion, in entgegengesetzter Richtung (mittelst Konkav= und
Konver=Glas), entsteht auch die entgegengesetzte Farbenerschei=
nung, nämlich einerseits ein gelbrother Rand mit gelbem Saum,
und andererseits ein blauer Rand mit violettem Saum. Diese
zweimalige Refraktion, in entgegengesetzter Richtung, führt aber
auch zugleich jene beiden farbigen Randerscheinungen dergestalt
über einander, daß der blaue Rand den gelbrothen Rand und
der violette Saum den gelben Saum deckt, wodurch diese zwei
physiologischen Farbenpaare, nämlich das von $1/3$ und $2/3$, und
das von $1/4$ und $3/4$ der vollen Thätigkeit der Netzhaut, wieder
vereinigt werden, mithin auch die Farblosigkeit wieder hergestellt
wird. Dies also ist die nächste Ursache der Achromasie.

Was nun aber ist die entferntere? Da nämlich das
verlangte dioptrische Resultat, — ein Ueberschuß farblos blei=
bender Refraktion, — dadurch herbeigeführt wird, daß das in
entgegengesetzter Richtung wirkende Flintglas, schon bei bedeu=
tend geringerer Refraktion, die Farbenerscheinung des Krown=
glases, durch eine gleich breite ihr entgegengesetzte zu neutrali=
siren vermag, weil seine eigenen Farben=Ränder und Säume

schon ursprünglich bedeutend breiter, als die des Krownglases sind; so entsteht die Frage: wie geht es zu, daß zwei verschiedenartige brechende Mittel, bei gleicher Brechung, eine so sehr verschiedene Breite der Farbenerscheinung geben? — Hievon läßt sich sehr genügende Rechenschaft, gemäß der Göthe'schen Theorie, geben, wenn man nämlich diese etwas weiter und dadurch deutlicher ausführt, als er selbst es gethan hat. Seine Ableitung der prismatischen Farbenerscheinung aus seinem obersten Grundsatz, den er Urphänomen nennt, ist vollkommen richtig: nur hat er sie nicht genug ins Einzelne herabgeführt; während doch ohne eine gewisse Akribologie solchen Dingen kein Genüge geschieht. Er erklärt ganz richtig jene farbige, die Refraktion begleitende Randerscheinung aus einem, das durch Brechung verrückte Hauptbild begleitenden Nebenbilde. Aber er hat nicht die Lage und Wirkungsweise dieses Nebenbildes ganz speciell bestimmt und durch eine Zeichnung veranschaulicht; ja, er spricht durchweg nur von einem Nebenbilde; wodurch denn die Sache so zu stehn kommt, daß wir annehmen müssen, nicht bloß das Licht, oder leuchtende Bild, sondern auch die es umgebende Finsterniß erleide eine Brechung. Ich muß daher hier seine Sache ergänzen, um zu zeigen, wie eigentlich jene, bei gleicher Brechung, aber verschiedenen brechenden Substanzen, verschiedene Breite der farbigen Randerscheinung entsteht, welche die Newtonianer durch den sinnlosen Ausdruck einer Verschiedenheit der Refraktion und Dispersion bezeichnen.

Zuvor ein Wort über den Ursprung dieser, bei der Refraktion das Hauptbild begleitenden Nebenbilder. Natura non facit saltus: so lautet das Gesetz der Kontinuität aller Veränderungen, vermöge dessen, in der Natur, kein Uebergang, sei er im Raum, oder in der Zeit, oder im Grade irgend einer Eigenschaft, ganz abrupt eintritt. Nun wird das Licht, bei seinem Eintritt in das Prisma, und abermals bei seinem Austritt, also zwei Mal, von seinem geraden Wege plötzlich abgelenkt. Sollen wir nun voraussetzen, Dies geschehe so abrupt und mit solcher Schärfe, daß dabei das Licht auch nicht die geringste Vermischung mit der es umgebenden Finsterniß erlitte, sondern, mitten durch diese, in so bedeutenden Winkeln sich schwenkend, doch seine Gränzen auf das Schärfste bewahrte, —

so daß es in ganz unvermischter Lauterkeit durchkäme und ganz
vollständig zusammenbliebe? Ist nicht vielmehr die Annahme
naturgemäßer, daß, sowohl bei der ersten, als bei der zweiten
Brechung, ein sehr kleiner Theil dieser Lichtmasse nicht schnell
genug in die neue Richtung komme, sich dadurch etwas ab-
sondere und nun, gleichsam eine Erinnerung des eben verlas-
senen Weges nachtragend, als Nebenbild das Hauptbild begleite,
nach der einen Brechung etwas über, nach der andern etwas
unter ihm schwebend? Deshalb hat man auch bemerkt, daß mit
jeder Brechung des Lichts eine Lichtschwächung nothwendig ver-
bunden ist. (Birnbaum, Reich der Wolken, p. 61.) Ja, man
könnte hiebei an die Polarisation des Lichts, mittelst eines Spie-
gels, denken, der einen Theil desselben zurückwirft, einen andern durchläßt. Das Wesentliche des Vorgangs aber ist, daß,
bei der Brechung, das Licht mit der es begränzenden Finsterniß
eine so innige Verschmelzung eingeht, daß diese nicht mehr, wie
z. B. Halbschatten thun, bloß die intensive, sondern die qualitative Theilung der Thätigkeit der Retina hervorruft.

Umstehende Figur zeigt nun specieller, wie aus der Wirkung jener beiden, bei der prismatischen Refraktion abfallender
Nebenbilder, gemäß dem Göthe'schen Grundgesetze, die vier
prismatischen Farben entstehn, als welche allein, nicht aber
sieben, wirklich vorhanden sind.

Diese Figur stellt eine, auf schwarzes glanzloses Papier
geklebte, weiße Papierscheibe, von etwan 4 Zoll Durchmesser
vor, wie sie, durch das Prisma, aus einer Entfernung von
etwan drei Schritten angeschaut, in der Natur und nicht nach
Newtonischen Fiktionen, sich darstellt. Hievon nun aber hat
Jeder, der wissen will wovon die Rede sei, sich durch Autopsie
zu überzeugen. Er wird alsdann, das Prisma vor die Augen
haltend und bald näher, bald ferner tretend, die beiden Nebenbilder beinahe geradezu und unmittelbar wahrnehmen, und wird
sehn, wie sie, seiner Bewegung folgend, sich vom Hauptbilde
bald mehr, bald weniger entfernen und über einander schieben.
Tritt er beträchtlich weiter zurück, so greifen Blau und Gelb
über einander, und er genießt das höchst erbauliche Schauspiel,
aus ihnen das Newtonische homogene Licht Grün, das reine
Urgrün, sich zusammensetzen zu sehn. —

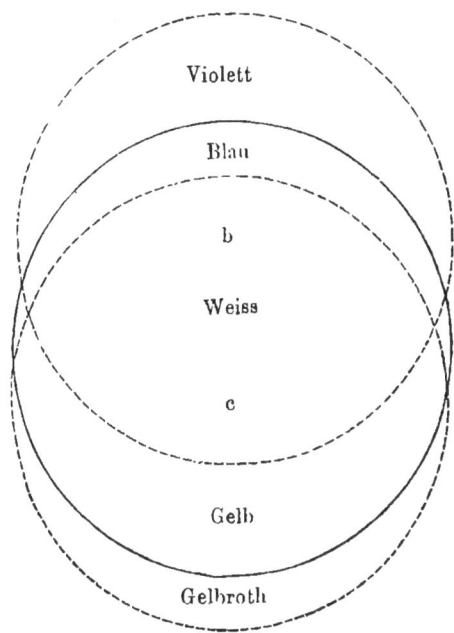

Prismatische Versuche überhaupt lassen sich auf zweierlei Weise machen: entweder so, daß die Refraktion der Reflexion, oder so, daß diese jener vorhergeht: Ersteres geschieht, wenn das Sonnenbild durch das Prisma auf die Wand fällt; Letzteres, wenn man durch das Prisma ein weißes Bild betrachtet. Diese letztere Art ist nicht nur weniger umständlich auszuführen, sondern zeigt auch das eigentliche Phänomen viel deutlicher; welches theils daher kommt, daß hier die Wirkung der Refraktion unmittelbar zum Auge gelangt, wodurch man den Vortheil hat, die Wirkung aus erster Hand zu erhalten, während man sie, bei jener andern Art, erst aus zweiter Hand, nämlich nach geschehener Reflexion von der Wand, erhält; theils daher, daß hier das Licht unmittelbar von einem nahen, scharf begränzten und nicht blendenden Gegenstande ausgeht; während, bei der ersten Art, es direkt das Bild eines 20 Millionen Meilen entfernten, dem entsprechend großen und eigenes Licht ausstrahlenden Körpers ist, welches durch das Prisma fährt. Daher zeigt dann die hier abgebildete weiße Scheibe (deren Stelle, bei der ersten Art, die Sonne vertritt) ganz deutlich die sie begleitenden, auf Anlaß einer zweimaligen, sie nach oben verrückenden Refraktion entstandenen zwei Nebenbilder. Das von der ersten Refraktion, die beim Eintritt des Lichts in das Prisma Statt findet, herrührende Nebenbild schleppt hinten nach und bleibt daher mit seinem äußersten Rande noch in der Finsterniß stecken und von ihr überzogen; das andere hingegen, welches bei der zweiten Refraktion, also beim Austritt des Lichts aus dem Prisma, entsteht, eilt vor und zieht sich deshalb über die Finsterniß her. Die Wirkungsart beider erstreckt sich aber auch, wiewohl schwächer, auf den Theil des Hauptbildes, der durch ihren Verlust geschwächt ist; daher nur der Theil desselben, welcher von beiden Nebenbildern bedeckt bleibt und also sein volles Licht behält, weiß erscheint: da hingegen, wo ein Nebenbild allein mit der Finsterniß kämpft, oder das durch den Abgang dieses Nebenbildes etwas geschwächte Hauptbild schon von der Finsterniß beeinträchtigt wird, entstehn Farben, und zwar dem Göthe'schen Gesetze gemäß. Demnach sehn wir am obern Theile, wo ein Nebenbild allein voreilend sich über die schwarze Fläche zieht, Violett entstehn; darunter aber, wo schon das Hauptbild, jedoch durch Verlust geschwächt, wirkt, Blau: am untern Theile des Bildes hingegen zeigt sich da, wo das einzelne Nebenbild in der Finsterniß stecken bleibt, Gelbroth, darüber aber, wo schon das geschwächte Hauptbild durchscheint, Gelb; eben wie die aufgehende Sonne, zuerst vom niedern, dickern Dunstkreise bedeckt gelbroth, in den dünnern angelangt, nur noch gelb erscheint. Eben weil, dieser Auslegung zufolge, nicht die weiße Scheibe allein das Hervorbringende der Farben ist, sondern die Finsterniß als zweiter Faktor mitwirkt, fällt die Farbenerscheinung viel besser aus, wenn die weiße Scheibe auf einem schwarzen Grunde haftet, als wenn auf einem hellgrauen.

Nach dieser Erklärung der prismatischen Erscheinung wird es uns nicht schwer werden, wenigstens im Allgemeinen zu begreifen, warum, bei gleicher Brechung des Lichts, einige brechende Mittel, wie eben das Flintglas, eine breitere, andere, wie das Krownglas, eine schmälere, farbige Randerscheinung geben; oder, in der Sprache der Newtonianer, worauf die

Ungleichmäßigkeit der Lichtbrechung und Farbenzerstreuung, ihrer Möglichkeit nach, beruhe. Die Brechung nämlich ist die Entfernung des Hauptbildes von seiner Einfallslinie; die Zerstreuung hingegen ist die dabei eintretende Entfernung der beiden Nebenbilder vom Hauptbilde: dieses Accidens nun aber finden wir bei verschiedenartigen lichtbrechenden Substanzen in verschiedenem Grade vorhanden. Demnach können zwei durchsichtige Körper gleiche Brechungskraft haben, d. h. das durch sie gehende Lichtbild gleich weit von seiner Einfallslinie ablenken; dabei jedoch können die Nebenbilder, welche allein die Farbenerscheinung verursachen, bei der Brechung durch den einen Körper mehr, als bei der durch den andern, sich vom Hauptbilde entfernen.

Um nun diese Rechenschaft von der Sache mit der so oft wiederholten, oben analysirten, Newtonischen Erklärung des Phänomens zu vergleichen, wähle ich den Ausdruck dieser letztern, welcher, am 27. Oktober 1836, in den „Münchner Gelehrten Anzeigen", nach den philosophical Transactions, mit folgenden Worten gegeben wird: „Verschiedene durchsichtige „Substanzen brechen die verschiedenen homogenen Lichter in „sehr ungleichem Verhältniß *); so daß das Spektrum, durch „verschiedene brechende Mittel erzeugt, bei übrigens gleichen „Umständen, eine sehr verschiedene Ausdehnung erlangt." — Wenn die Verlängerung des Spektrums überhaupt von der ungleichen Brechbarkeit der homogenen Lichter selbst herrührte; so müßte sie überall dem Grade der Brechung gemäß ausfallen, und demnach könnte nur in Folge größerer Brechungskraft eines Mittels größere Verlängerung des Bildes entstehn. Ist nun aber Dies nicht der Fall, sondern giebt von zwei, gleich stark brechenden Mitteln das eine ein längeres, das andere ein kürzeres Spektrum; so beweist Dies, daß die Verlängerung des Spektri nicht direkte Wirkung der Brechung, sondern bloß Wirkung eines die Brechung begleitenden Accidens sei. Ein solches nun sind die dabei entstehenden Nebenbilder: diese können sehr wohl, bei gleicher Brechung, nach Beschaffenheit der

---

*) Jedoch die Summe derselben, das weiße Licht, in gleichem! setze ich ergänzend hinzu.

brechenden Substanz, sich mehr oder weniger vom Hauptbilde entfernen.

§. 11.

Die drei Arten der Theilung der Thätigkeit der Retina im Verein.

Ich bemerke noch der Vollständigkeit wegen, daß, wie die Abweichung einer Farbe von ihrer höchsten Energie, entweder ins Blasse oder ins Dunkle, eine Vereinigung der qualita= tiven Theilung der Thätigkeit der Retina mit der intensiven ist, gleichermaaßen auch die extensive Theilung mit der qua= litativen sich verbindet, indem ein Theil der Retina die eine, ein andrer eine andre Farbe auf äussern Reiz hervorbringt, wo dann bekanntlich, nach Aufhören des Reizes, die beiden gefor= derten Farben an jeder Stelle sich als Spektra einfinden. Beim gewöhnlichen Gebrauch des Auges werden meistens alle drei Arten der Theilung der Thätigkeit desselben zugleich und im Verein vollzogen.

Wollte man etwan darin eine Schwierigkeit finden, daß, meiner Theorie zufolge, beim Anblick einer sehr bunten Fläche, die Thätigkeit der Retina, an hundert Stellen zugleich, in sehr verschiedenen Proportionen, getheilt würde; so erwäge man, daß beim Anhören der Harmonie eines zahlreichen Orchesters, oder der schnellen Läufe eines Virtuosen, das Trommelfell und der Gehörnerv, bald simultan, bald in der raschesten Succession, in Schwingungen nach verschiedenen Zahlenverhältnissen versetzt wird, welche die Intelligenz alle auffaßt, arithmetisch abschätzt, die ästhetische Wirkung davon empfängt und jede Abweichung von der mathematischen Richtigkeit eines Tones sogleich bemerkt: dann wird man finden, daß ich dem viel vollkommeneren Ge= sichtssinn nicht zu viel zugetraut habe.

Hier verdient nun noch ein besonderes, gewissermaaßen abnormes Phänomen erwähnt zu werden, welches mit der Scherffer'schen Auslegung schlechterdings unvereinbar ist, mit= hin zu ihrer Widerlegung beiträgt, nach der meinigen aber noch einer besondern Erklärung bedarf. Wenn nämlich auf einer großen gefärbten Fläche einige kleinere, farblose Stellen sind; so werden diese, wann nachher das durch die gefärbte Fläche hervorgerufene physiologische Spektrum eintritt, nicht mehr farblos bleiben, sondern sich in der zuerst dagewesenen Farbe der ganzen Fläche selbst darstellen, obgleich sie keineswegs vom Komplement derselben affizirt gewesen sind. Z. B. auf das Anschauen einer grünen Hausmauer mit kleinen grauen Fenstern, folgt als Spektrum eine rothe Mauer, nicht mit grauen, sondern mit grünen Fenstern. Gemäß meiner Theorie haben wir Dies daraus zu erklären, daß, nachdem auf der ganzen Retina eine bestimmte qualitative Hälfte ihrer Thätigkeit, durch die gefärbte Fläche, hervorgerufen war, jedoch einige kleine Stellen von dieser Erregung ausgeschlossen blieben, und nun nachher, beim Aufhören des äußern Reizes, die Ergänzung der durch ihn erregten Thätigkeitshälfte sich als Spektrum einstellt, alsdann die davon ausgeschlossen gebliebenen Stellen, auf konsensuelle Weise, in jene zuerst dagewesene qualitative Hälfte der Thätigkeit gerathen, indem sie jetzt gleichsam nachahmen was vorhin der ganze übrige Theil der Retina gethan hat, während sie allein, durch Ausbleiben des Reizes, davon ausgeschlossen waren; mithin daß sie, so zu sagen, nachexerciren.

§. 12.

Von einigen Verletzungen und einem abnormen Zustande des Auges.

Auch mag hier die Bemerkung Platz finden, daß diejenigen Spektra, welche durch mechanische Erschütterung des Auges, und die, welche durch Blendung hervorgebracht werden, der Art nach als einerlei anzusehn und nur dem Grade nach verschieden sind. Man kann sie füglich pathologische Spektra nennen: denn wie die erstern durch offenbare Verletzung entstehn, so sind die letztern Erscheinungen einer durch Ueberreizung hervorgebrachten transitorischen Zerrüttung der Thätigkeit der Retina, welche alsdann, gleichsam aus ihrem Gleichgewicht gebracht, sich krampfhaft bald so, bald anders theilt und so die Erscheinungen zeigt, welche Göthe (Bd. 1, S. 15) beschreibt. Ein geblendetes Auge hat, wenn es ins Helle sieht, ein rothes, wenn ins Dunkle, ein grünes Spektrum, eben weil seine Thätigkeit durch die Gewalt des Ueberreizes getheilt ist und nun,

nach) Maaßgabe des äuſſern Verhältniſſes, bald die eine bald
die andre Hälfte hervortritt.

Die der Blendung entgegengeſetzte Verletzung des Auges
iſt die Anſtrengung deſſelben in der Dämmerung. Bei der
Blendung iſt der Reiz von auſſen zu ſtark, bei der Anſtrengung
in der Dämmerung iſt er zu ſchwach. Durch den mangelnden
äuſſern Reiz des Lichtes iſt nämlich die Thätigkeit der Retina
intenſiv getheilt und nur ein kleiner Theil derſelben iſt wirklich
aufgeregt. Dieſer wird nun aber durch willkührliche Anſtren=
gung, z. B. beim Leſen, vermehrt, alſo ein intenſiver Theil der
Thätigkeit wird ohne Reiz, ganz durch innere Anſtrengung, auf=
geregt. Um die Schädlichkeit hievon recht anſchaulich zu machen,
bietet ſich mir kein anderer, als ein obſcöner Vergleich dar.
Jenes ſchadet nämlich auf dieſelbe Art, wie Onanie und über=
haupt jede, ohne Einwirkung des naturgemäßen Reizes von
auſſen, durch bloße Phantaſie entſtehende Aufreizung der Ge=
nitalien viel ſchwächender iſt, als die wirkliche natürliche Be=
friedigung des Geſchlechtstriebes.

Warum die künſtliche Beleuchtung der Lichtflamme das
Auge mehr angreift, als das Tageslicht, wird durch meine
Theorie erſt eigentlich verſtändlich. Die Lichtflamme beleuchtet
Alles röthlich=gelb (daher auch die blauen Schatten). Folglich
ſind, ſo lange wir bei Licht ſehn, immer nur etwas über ⅔
der Thätigkeit der Retina erregt und tragen die ganze An=
ſtrengung des Sehns, während beinahe ⅓ feiert. Dies muß
auf eine ähnliche Art ſchwächen, wie der Gebrauch eines ge=
ſchliffenen Glaſes vor einem Auge; ja, um ſo mehr, als hier
die Theilung der Thätigkeit der Retina keine bloß intenſive,
ſondern eine qualitative iſt, und die Retina, unausgeſetzt, lange
Zeit in derſelben gehalten wird: daher auch ihr Drang das
Komplement hervorzubringen, welchen ſie bei Gelegenheit jedes
anderweitig ſchwach beleuchteten Schattens ſogleich durch Fär=
bung deſſelben befriedigt. Es war daher ein guter Vorſchlag,
die Nachtbeleuchtung durch blaue, ganz wenig ins Violette ſpie=
lende Gläſer, dem Tageslicht ähnlich zu machen; wobei ich,
aus eigener Erfahrung, empfehle, daß man die Gläſer ja nicht
zu dunkel, oder zu dick, nehme; da ſonſt nur der Anſchein der
Dämmerung entſteht. Man ſehe übrigens Parrot, traité de

la manière de changer la lumière artificielle en une lumière semblable à celle du jour. Strasb. 1791.

Einen hinzukommenden Beweis von der subjektiven Natur der Farbe, daß sie nämlich eine Funktion des Auges selbst ist, folglich diesem unmittelbar angehört und erst sekundär und mittelbar den Gegenständen, giebt uns zunächst der Daguerrotyp, der, auf seinem rein objektiven Wege, alles Sichtbare der Körper wiedergiebt, nur nicht die Farbe. Einen anderen, noch schlagenderen Beweis liefern uns die zwar selten, aber doch hin und wieder vorkommenden Menschen, welche gar keine Farben sehn, deren Retina also die Fähigkeit zur qualitativen Theilung ihrer Thätigkeit mangelt. Sie sehn demnach nur die Gradationen des Hellen und Dunkeln, folglich stellt ihnen die Welt sich dar, wie ein getuschtes Bild, oder ein Kupferstich, oder ein Daguerrotyp: sie ist des eigenthümlichen Reizes beraubt, welchen die Zugabe der Farbe ihr für uns verleiht. Ein Beispiel davon findet sich schon im 67. Bande der philosophical Transactions vom J. 1777, woselbst (S. 260) ausführlicher Bericht ertheilt wird über drei Brüder Harris, die sämmtlich keine Farben sahen; und im folgenden Bande steht ein Aufsatz von J. Scott, der keine Farben sah, welchen Fehler mehrere Glieder seiner Familie ebenfalls hatten. An dem selben Mangel litt der zu seiner Zeit berühmte, in Hamburg lebende Arzt Unzer: dieser war jedoch bemüht, ihn möglichst zu verbergen, weil er daran ein offenbares Hinderniß bei der Diagnose und Semiotik hatte. Seine Frau hatte ein Mal, um der Sache auf den Grund zu kommen, sich blau geschminkt; worauf er bloß bemerkte, daß sie heute zu viel Roth aufgelegt habe. Ich verdanke diese Nachricht einem Maler Demiani, welcher vor 40 Jahren Gallerie-Inspektor in Dresden war, und dem die Sache einst dadurch bekannt geworden war, daß er jene Frau porträtirt hatte, worauf Unzer ihm gestand, daß und warum er über das Kolorit nicht urtheilen könne. Noch ein Beispiel dieser Art liefert ein Herr v. Zimmermann, welcher im Anfang dieses Jahrhunderts in Riga lebte. Die folgenden Nachrichten über ihn verbürgt mir der Verleger dieser Schrift*),

*) J. F. Hartknoch, im J. 1815.

der ihn selbst gekannt hat und sich auch auf den Herrn Ober=
schuldirektor Albanus beruft, welcher Erzieher jenes Herrn ge=
wesen ist. Für diesen Herrn v. Zimmermann also war durch=
aus keine Farbe vorhanden: er sah Alles nur weiß, schwarz
und in Nüancen von Grau. Er spielte sehr gut Billard, und
da dieses in Riga mit gelbgefärbten und rothen Bällen geschieht,
konnte er solche doch sehr wohl unterscheiden, weil ihm die
rothen viel dunkler aussahen. (Nach meiner Theorie mußte
ihm, bei reinen Farben, roth um die Hälfte dunkler als gelb
seyn.) Man hat mit ihm einen Versuch angestellt, der in
Hinsicht auf meine Theorie nicht glücklicher hätte erdacht werden
können. Er trug eine rothe Uniform: man legte ihm statt ihrer
eine grüne hin; er bemerkte gar nichts, zog diese an und war
im Begriff damit auf die Parade zu gehn. Denn freilich mußte
für ihn reines Roth und reines Grün sich so gleich seyn, wie
$\frac{1}{2} = \frac{1}{2}$ ist. Seiner Retina fehlte also gänzlich die Fähigkeit,
ihre Thätigkeit qualitativ zu theilen. — Viel weniger selten sind
Leute, welche die Farben nur sehr unvollkommen sehn, indem
sie einige derselben erkennen, jedoch die meisten nicht. Mir
sind, in eigener Erfahrung, drei Solche vorgekommen: sie konn=
ten am wenigsten Roth und Grün unterscheiden, aus der soeben
angegebenen Ursache. Daß eine solche Achromatoblepsie auch
temporär eintreten kann ist zu ersehn aus einer Abhandlung
von Th. Clemens „Farbenblindheit während der Schwanger=
schaft, nebst einigen Erörterungen über Farbenblindheit im All=
gemeinen", befindlich im Archiv für physiologische Heilkunde
vom Jahre 1858. (Ueber Farbenblindheit vergl. auch G. Wil=
son on Colour-Blindness, Edinburgh 1855.)

§. 13.

Von den äussern Reizen, welche die qualitative Theilung der Thätigkeit der Retina erregen.

Wir haben bisher die Farben in der engsten Bedeutung
betrachtet, nämlich als Zustände, Affektionen des Auges. Diese
Betrachtung ist der erste und wesentlichste Theil der Farbenlehre,
die Farbenlehre im engsten Sinne, welche, als solche, allen fer=
neren Untersuchungen über die Farben zum Grunde liegen muß

und mit der sie stets in Uebereinstimmung bleiben müssen. An
diesen ersten Theil hat sich als der zweite zu schliessen die Be=
trachtung der Ursachen, welche, von aussen als Reize auf das
Auge wirkend, nicht, wie das reine Licht und das Weisse, die
ungetheilte Thätigkeit der Retina, in stärkern oder schwächern
Graden, sondern immer nur eine qualitative Hälfte derselben
hervorrufen. Diese äusseren Ursachen hat Göthe sehr richtig
und treffend in zwei Klassen gesondert, nämlich in die chemischen
und physischen Farben, d. h. in die den Körpern inhärirenden,
bleibenden Farben, und die bloß temporären, durch irgend eine
besondere Kombination des Lichtes mit den durchsichtigen Medien
entstehenden. Sollte nun ihr Unterschied durch einen einzigen
völlig allgemeinen Ausdruck bezeichnet werden, so würde ich
sagen: physische Farben sind diejenigen Ursachen der Erregung
einer qualitativen Hälfte der Thätigkeit der Retina, die uns
als solche zugänglich sind; daher wir einsehn, daß, wenn wir
auch über die Art ihres Wirkens noch uneinig sind, dasselbe
doch gewissen Gesetzen unterworfen seyn muß, die auch unter
den verschiedensten Umständen und bei den verschiedensten Ma=
terien obwalten, so daß das Phänomen stets auf sie zurück=
geführt werden kann: die chemischen Farben hingegen sind die,
bei denen Dies nicht der Fall ist; sondern deren Ursache wir
erkennen, ohne die Art ihres speciellen Wirkens auf das Auge
irgend zu begreifen. Denn, wenn wir gleich wissen, daß z. B.
dieser oder jener chemische Niederschlag diese bestimmte Farbe
giebt und insofern ihre Ursache ist; so wissen wir hier doch
nicht die Ursache der Farbe als solcher, nicht das Gesetz, dem=
zufolge sie hier eintritt, sondern ihr Eintreten wird nur a
posteriori erkannt und bleibt für uns insofern zufällig. Von
den physischen Farben hingegen wissen wir als solchen die
Ursache, das Gesetz ihrer Erscheinung; daher auch unsere Er=
kenntniß derselben nicht an bestimmte Materien gebunden ist,
sondern von jeder gilt: so z. B. entsteht Gelb, sobald Licht
durch ein trübes Mittel bricht, dies mag nun ein Pergament,
eine Flüssigkeit, ein Dunst, oder das prismatische Nebenbild
seyn. — Auch Schwarz und Weiß sind physisch wie chemisch
vorhanden: das physische Schwarz ist die Finsterniß, das phy=
sische Weiß die vollendete Trübe. Dem Gesagten zufolge kann

5*

man die phyfifchen Farben auch die verftänblichen, die
chemifchen aber die unverftänblichen nennen. Durch Zu=
rückführung der chemifchen Farben auf phyfifche, in irgend einem
Sinne, würde der zweite Theil der Farbenlehre zur Vollendung
gebracht feyn. Newton hat hievon das gerade Gegentheil gethan
und die phyfifchen Farben auf chemifche zurückgeführt, indem er
lehrt, bei der Brechung zerfplittere fich der weiffe Strahl in
fieben ungleich brechbare Theile, und diefe hätten eben per
accidens eine violette, indigoblaue u. f. w. Farbe.

Ueber die chemifche Farbe werde ich weiterhin Einiges bei=
bringen: hier zunächft von den phyfifchen. Da der äuffere Reiz
der Thätigkeit der Retina zuletzt immer das Licht ift; fo muß
für die Modifikation jener Thätigkeit, in deren Empfindung die
Farbe befteht, auch eine ihr genau entfprechende Modifikation
des Lichtes nachgewiefen werden können. Welche diefes fei,
ift das punctum controversiae zwifchen Newton und Göthe,
welches, in letzter Inftanz, durch vorgelegte Thatfachen und
Verfuche, unter richtiger Beurtheilung derfelben, zu entfcheiden
ift. Wenn wir nun aber in Erwägung nehmen, was oben
§. 2 über den nothwendigen Parallelismus zwifchen Urfache
und Wirkung beigebracht worden ift; fo werden wir nicht zwei=
feln, daß fchon die, durch das Bisherige gewonnene, genauere
Erkenntniß der zu erklärenden Wirkung, alfo der Farbe als
phyfiologifcher Thatfache, uns in den Stand fetzt, auch über
die nachgeforfchten äuffern Urfachen derfelben, unabhängig von
aller experimentalen Unterfuchung und alfo infofern a priori,
Einiges feftzuftellen. Dies wäre hauptfächlich Folgendes.

1) Die Farben felbft, ihre Verhältniffe zu einander und
die Gefetzmäßigkeit ihrer Erfcheinung, dies Alles liegt im Auge
felbft, und ift nur eine befondere Modifikation der Thätigkeit
der Retina. Die äuffere Urfache kann nur als Reiz, als An=
laß zur Aeufferung jener Thätigkeit, alfo nur fehr untergeordnet
wirken: fie kann bei der Hervorbringung der Farbe im Auge,
d. i. bei der Erregung der Polarität feiner Retina, immer nur
eine folche Rolle fpielen, wie bei Hervorrufung der im Körper
fchlummernden Elektricität, d. i. Trennung des + E und — E,
die Reibung. Keineswegs aber können die Farben in beftimmter
Zahl irgendwo auffer dem Auge, rein objektiv, vorhanden feyn,

dort bestimmte Gesetze und Verhältnisse zu einander haben und nun ganz fertig dem Auge überliefert werden. Wollte man, trotz allen Diesem, eine Vereinigung meiner Theorie mit der Newtonischen bewerkstelligen; so ließe dieser unglückliche Gedanke sich nur ausführen mittelst der Annahme der wunderlichsten harmonia praestabilita, zu welcher jemals ein Menschenkopf in seiner spekulativen Bedrängniß griff. Zufolge derselben nämlich müßten gewisse Farben, obwohl sie im Auge, nach den Gesetzen seiner Funktionen, eben wie alle übrigen unzähligen Farben, entstehn, dennoch schon im Lichte selbst, und zwar in dessen Bestandtheilen, eigens dazu bereit liegende, gleichsam bestellte Ursachen haben.

2) Jede Farbe ist die qualitative Hälfte der vollen Thätigkeit der Retina, zu der sie durch eine andere Farbe, ihr Komplement, ergänzt wird. Folglich giebt es durchaus nur Farbenpaare und keine einzelne Farben: also kann man nicht sieben, eine ungerade Zahl, einzig wirklich existirende Farben annehmen.

3) Die Farben bilden einen stetigen Kreis, innerhalb dessen es keine Gränzen, keine feste Punkte giebt, den Aequator der oben §. 5 beschriebenen Runge'schen Farbenkugel. Durch Theilung dieses Kreises in zwei Hälften entsteht jede Farbe, und ihr ergänzender Gegensatz ist sofort gegeben: beide zusammen enthalten immer potentialiter den ganzen Kreis. Die Farben sind also der Zahl nach unendlich: daher kann man durchaus weder sieben, noch irgend eine andere bestimmte Zahl feststehender Farben annehmen. Bloß durch das rationale, leicht aufzufassende und in den ersten Zahlen ausdrückbare Verhältniß, in welchem, bei gewissen Farben, die Thätigkeit der Retina sich theilt, zeichnen sich drei Farbenpaare besonders aus und sind deshalb immer und überall durch eigene Namen bezeichnet worden; wozu ausser diesem kein anderer Grund ist, da sie übrigens vor den andern nichts voraus haben.

4) Der unendlichen Anzahl möglicher Farben, welche aus der, auf unendliche Weisen modifikabeln Theilbarkeit der Thätigkeit der Retina entspringt, muß auch in der als Reiz wirkenden äussern Ursache eine eben so unendliche und der zartesten Uebergänge fähige Modifikabilität entsprechen. Dies leistet aber

keineswegs die Annahme von sieben oder irgend einer bestimm=
ten Anzahl homogener Lichter, als Theile des weissen Lichtes,
die jedes für sich steif und starr dastehn, mit einander aber
vereinigt, nie etwas anderes geben könnten, als einen Schritt
zur Rückkehr in die Farblosigkeit. Ich weiß wohl, daß Newton
bisweilen, wenn der Zusammenhang seines Gewebes es fordert,
versichert, es sei mit den sieben homogenen Lichtern im Grunde
doch nur Spaaß, sie seien gar nicht homogen, sondern höchst
zusammengesetzt, nämlich aus unendlich vielen wirklich und eigent=
lich homogenen Lichtern. Dies könnte nun, auch hier vor=
gebracht, allenfalls gegen die Anforderung dieser Nummer die
homogenen Lichter retten: dasselbe Argument verdirbt sie aber
um so sicherer in der nächsten: denn, nicht zu gedenken, daß
sie jetzt nur so existiren wie Demokrits Atome, so folgt, daß
jedes echte homogene Licht, d. h. jede wirkliche Urfarbe, sich
zum Weissen verhält, wie ein unendlich kleiner Bruch zu
Eins, wodurch sie durchaus in Dunkelheit verschwindet und un=
sichtbar wird. — Auf das Vollkommenste dagegen genügt der
hier gemachten Forderung Göthe's Lehre. Denn ein Trübes,
das sich bald diesseit bald jenseit des Lichtes befinden, dabei in
unzähligen Graden bald dichter bald durchsichtiger seyn, das
endlich auch von beiden Seiten ungleich in den verschiedensten
Verhältnissen beleuchtet werden kann: dies giebt uns in der
Ursache dieselbe unendliche Modifikabilität wieder, die wir in
der Wirkung gefunden hatten.

5) Das der Farbe wesentliche σκιερον, oder ihre schattige
Natur, haben wir im Auge darin begründet gefunden, daß die
nur halbe Thätigkeit der Retina die Ruhe der andern Hälfte
voraussetzt, deren Ausdruck eben jenes σκιερον ist, dessen, durch
diese Nothwendigkeit, in der Farbe sich darstellende innige Ver=
bindung mit dem Licht wir einer chemischen Mischung des Lichtes
und der Finsterniß verglichen haben. Dieses σκιερον muß sich
auch ausser dem Auge, in der äussern Ursache, auf irgend eine
Art repräsentirt wiederfinden. In diesem Punkt würde nun
zwar Newton's Lehre, daß die Farbe immer $\frac{1}{7}$ des ganzen
Lichtes sei, höchst nothdürftig genügen, indem sie nämlich die
Farbe für ein minder Helles, als das Weisse, anerkennt, jedoch in
dem übertriebenen Maaße, daß, der Helle nach, alle Farben (mit

unbedeutenden Unterschieden) sich einzeln zum Weissen verhalten,
etwan wie 1 zu 7, oder allenfalls zu 6; wir aber wissen, daß
sogar die schwächste und dunkelste aller Farben, das Violett,
sich zum Weissen verhält, wie 1 zu 4; blau, wie 1 zu 3; grün
und roth, wie 1 zu 2; und gelb, gar wie 3 zu 4. In der
vorhergehenden Nummer ist schon gesagt worden, wie . gar
schlimm es hier um die Newtonische Theorie steht, wenn man,
wie ihre eigentlich esoterische Lehre ist, statt sieben homogener
Lichter, unendliche annimmt. — Hingegen entspricht auch der
Forderung über das σκιερον auf das vollkommenste und befrie-
digendste das von Göthe aufgestellte Urphänomen. Aus Licht
und Finsterniß, im innigsten Verein, läßt er die Farbe entstehn.
Ein verdunkeltes Licht erregt im Auge Gelb; eine erleuchtete
Finsterniß Blau: beides jedoch darf nicht unmittelbar geschehn,
wodurch bloß Dämmerung, Grau, intensive Theilung der Thätigkeit der Retina entstände; sondern mittelst des Dazwischen-
tretens eines dritten, des Trüben, welches gleichsam das men-
struum der chemischen Durchdringung des Lichtes und der Finsterniß wird, welches nunmehr die Polarität des Auges, d. i.
die qualitative Theilung seiner Thätigkeit, hervorruft. — Göthe
stellt, nachdem er den physiologischen Gegensatz der Farben,
in allen seinen Phänomenen, trefflich geschildert hat, als physischen Gegensatz Gelb und Blau auf, als welche aus entgegengesetzten Ursachen entstehn: Gelb, dadurch daß ein Trübes
dem Auge das Licht hemmt: Blau, indem das Auge durch ein
beleuchtetes Trübes in das Finstre sieht. Es hat nun mit diesem physischen Gegensatz auch seine völlige Richtigkeit, so lange
man ihn als allgemeinen Ausdruck für zwei Hauptverhältnisse
aller physischen Farben versteht, und Blau und Gelb hier
gleichsam, als Repräsentanten zweier Klassen, der kalten und
warmen Farben, ansieht. Wollte man aber es im engsten
Sinne verstehn und gerade zwischen Gelb und Blau einen be-
stehenden physischen Gegensatz annehmen; so müßte man befrem-
det werden durch die Inkongruenz des Gegensatzes der physiologischen Farben mit dem der physischen, indem ja der eigentliche
Gegensatz von Blau, Orange, und von Gelb, Violett ist, und
vorauszusetzen war, daß das Verhältniß, welches zwischen
den Farben, im eigentlichen Sinn, besteht, auch zwischen ihren

auſſer dem Auge liegenden Urſachen ſich wieder finden müßte;
in Gemäßheit des oben erwähnten Ariſtoteliſchen Satzes των
εναντιων τα εναντια αιτια (contrariorum contrariae sunt causae,
de generat. et corrupt. c. 10). Allerdings iſt es auch ſo, und
jene Inkongruenz iſt bloß ſcheinbar.   Denn genauer betrachtet
giebt der ſelbe und nämliche Grad von Trübe, welcher, vor
die Finſterniß gezogen und beleuchtet, reines Blau erregt, wenn
er umgekehrt das Licht hemmt, nicht Gelb, ſondern Orange;
und eben ſo wird allemal ein und der ſelbe Grad von Trübe,
unter in Bezug auf Licht und Finſterniß entgegengeſetzten Um=
ſtänden, zwei entgegengeſetzte, einander ergänzende Farben geben.
Daß dies ſeyn muß, geht ſchon a priori aus folgender Be=
trachtung hervor.   Die geforderte und nachher als Spektrum
hervortretende Farbe iſt das Komplement der gegebenen: daher
muß ihr ſo viel von der vollen Thätigkeit des Auges abgehn,
als jene davon hat; d. h. ſie muß gerade ſo viel Finſterniß
(σκιερον) enthalten, als jene Licht enthält.   Nun iſt bei allen
phyſiſchen Farben der poſitiven Seite (d. h. allen die zwiſchen
Gelb und Roth liegen) das Trübe Urſache ihrer Finſterniß, da
es das Licht hemmt; umgekehrt iſt bei allen Farben der nega=
tiven Seite das Trübe Urſache ihrer Helle, indem es das auf=
fallende Licht, welches ſich ſonſt in die Finſterniß verlöre, zurück=
wirft.   Alſo muß, unter entgegengeſetzten Umſtänden, die näm=
liche Trübe in einem Fall gerade ſo viel Erhellung verurſachen,
als im umgekehrten Verfinſterung: und da gezeigt iſt, daß jede
Farbe ſo viel Helle enthalten muß, als ihr Komplement Dun=
kelheit enthält; ſo wird nothwendig die nämliche Trübe, bei
entgegengeſetzter Beleuchtung, die zwei Farben geben, welche
ſich fordern und ergänzen.   Hieran nun aber haben wir einen
vollkommenen Beweis a priori von der Wahrheit des Göthe'=
ſchen Urphänomens und der Richtigkeit ſeiner ganzen Theorie
der phyſiſchen Farben; welchen ich wohl zu beachten bitte.
Nämlich bloß von der Kenntniß der Farbe im engſten Sinn,
alſo als Phänomen im Auge, ausgehend, haben wir gefunden,
daß ihre äuſſere Urſache ein vermindertes Licht ſeyn muß, jedoch
ein auf eine beſtimmte Art vermindertes, die das Eigenthümliche
haben muß, daß ſie jeder Farbe gerade ſo viel Licht ertheilt,
als ihrem Komplement Finſterniß, σκιερον.   Dies aber kann auf

einem unfehlbaren und allen Fällen angemessenen Wege nur dadurch geschehn, daß die Ursache der Helle in einer gegebenen Farbe gerade die Ursache des Schattigen, oder Dunkeln, in ihrem Komplement sei. Denn conversa causa, convertitur effectus. Dieser Forderung nun genügt allein, aber auch vollkommen, die Scheidewand eines zwischen Licht und Finsterniß eingeschobenen Trüben, indem sie, unter entgegengesetzter Beleuchtung, allezeit zwei sich physiologisch ergänzende Farben verursacht, welche, je nach dem Grade der Dicke und Dichtigkeit dieses Trüben, verschieden ausfallen, zusammen aber immer zum Weissen, d. h. zur vollen Thätigkeit der Retina, einander ergänzen. Bei der größten Dünne des Trüben werden diese Farben die gelbe und violette seyn; bei zunehmender Dichtigkeit desselben werden sie allmälig in Orange und Blau übergehn und endlich, bei noch größerer, Roth und Grün werden; welches letztere jedoch auf diesem einfachen Wege nicht wohl darzustellen ist; obgleich der Himmel, bei Sonnenuntergang und Aufgang, es bisweilen zu schwacher Erscheinung bringt. Wird endlich die Trübe vollendet, d. h. bis zur Undurchdringlichkeit verdichtet; so erscheint, bei auffallendem Lichte, Weiß; bei dahinter befindlichem, die Finsterniß, oder Schwarz. — In Folge dieser Ableitung des Göthe'schen Urphänomens aus meiner Theorie, verdient dasselbe nicht mehr so zu heißen. Denn es ist nicht, wie Göthe es nahm, ein schlechthin Gegebenes und aller Erklärung auf immer Entzogenes: vielmehr ist es nur die Ursache, wie sie, meiner Theorie zufolge, zur Hervorbringung der Wirkung, also der Halbirung der Thätigkeit der Retina, erfordert ist. Eigentliches Urphänomen ist allein die organische Fähigkeit der Retina, ihre Nerventhätigkeit in zwei qualitativ entgegengesetzte, bald gleiche, bald ungleiche Hälften auseinandergehn und successiv hervortreten zu lassen. Dabei freilich müssen wir stehn bleiben, indem, von hier an, sich nur noch Endursachen absehn lassen; wie uns dies in der Physiologie durchgängig begegnet: also etwan, daß wir, durch die Farbe, ein Mittel mehr haben, die Dinge zu unterscheiden und zu erkennen.

Aus der gegebenen Ableitung des Göthe'schen Urphänomens folgt auch, daß der physische Gegensatz immer mit dem physiologischen zusammentreffen und übereinstimmen muß. Das pris=

matische Spektrum bestätigt an den vier Farben, die es ur=
sprünglich und im einfachsten Zustande zeigt, das Gesagte voll=
kommen; wie aus der oben gegebenen Abbildung desselben leicht
zu ersehn. Nämlich die doppelt dichte Trübung eines doppelten
Nebenbildes erzeugt an einer Seite den blauen und an der
andern den gelbrothen Rand, also zwei Komplemente zur vollen
Thätigkeit der Retina: und die halb so dichte Trübe giebt, an
korrespondirenden Stellen, den violetten und den gelben Saum,
die ebenfalls einander ergänzen. Also treffen physischer und
physiologischer Gegensatz völlig zusammen. Eben so geben
gewisse trübe Auflösungen, aus Quassia, lignum nephriticum
und ähnliche, bei durchfallendem Lichte dasjenige Gelb, welches
die Ergänzungsfarbe des Blauen ist, das sie bei auffallendem
Lichte zeigen. Sogar Tabaksdampf, gegen das Licht geblasen,
erscheint schmutzig orange; gegen die Schattenseite geblasen,
blau. — Diesem Allen zufolge gilt der physische Gegensatz von
Gelb und Blau, den Göthe aufstellt, durchaus nur im All=
gemeinen, nämlich sofern Gelb und Blau hier nicht zwei Far=
ben, sondern zwei Klassen von Farben bedeuten. Es ist noth=
wendig sich diese Restriktion zu merken. Wenn nun aber Göthe
noch weiter geht, und diesen physischen Gegensatz von Gelb und
Blau einen polaren nennt; so würde ich ihm nur mittelst einer
höchst gezwungenen Auslegung beistimmen können, und muß
von ihm abweichen. Denn polarischen Gegensatz haben, wie
meine ganze Darstellung zeigt, nur die Farben in engster Be=
deutung, als Affektionen der Retina, deren Polarisation, d. h.
Auseinandertreten in qualitativ entgegengesetzte Thätigkeiten, sie
eben offenbaren. Polarität des Lichtes behaupten, heißt durch=
aus Theilung des Lichtes behaupten. Indem Göthe letztere
verwirft, nun aber doch von einer Polarität der Farben, un=
abhängig vom Auge, redet, die Farbe selbst aber aus dem
Konflikte des Lichtes mit dem Trüben oder Dunkeln erklärt, sie
nicht weiter ableitend; so könnte jene Polarität der Farbe nichts
anderes, als eine Polarität dieses Konflikts seyn. Die Unzu=
lässigkeit hievon bedarf keiner Auseinandersetzung. Jede Pola=
rität muß aus einer Einheit entspringen, deren Entzweiung mit
sich selbst, deren Auseinandertreten in zwei qualitative Gegen=
sätze sie ist: keineswegs aber kann aus dem zufälligen Zusammen=

treffen zweier Dinge verschiedenen Ursprungs, wie Licht und trübes Mittel sind, je Polarität entstehn. —

Was nun endlich die chemische Farbe betrifft, so ist sie offenbar eine eigenthümliche Modifikation der Oberfläche der Körper, die aber so fein ist, daß wir sie übrigens durchaus nicht erkennen und unterscheiden können, sondern sie einzig und allein sich kund giebt durch die Fähigkeit, diese oder jene bestimmte Hälfte der Thätigkeit des Auges hervorzurufen. Diese Fähigkeit ist für uns noch eine qualitas occulta. Leicht einzusehn aber ist es, daß eine so zarte und feine Modifikation der Oberfläche, selbst durch unbedeutende Umstände, stark verändert werden und daher nicht in verhältnißmäßigem Zusammenhange stehn kann mit den innern und wesentlichen Eigenschaften des Körpers. Diese leichte Veränderlichkeit der chemischen Farben geht so weit, daß bisweilen einem gänzlichen Wechsel der Farbe nur eine äußerst geringfügige, oder selbst gar nicht ein Mal nachweisbare Veränderung in den Eigenschaften des Körpers, dem sie inhärirt, entspricht. So z. B. ist der durch Zusammenschmelzen des Merkurs mit dem Schwefel erlangte Zinnober schwarz, eben wie eine ähnliche Verbindung des Bleies mit dem Schwefel: erst nachdem er sublimirt worden, nimmt der Zinnober die bekannte feuerrothe Farbe an; wobei jedoch eine chemische Veränderung an ihm nicht nachweisbar ist. Durch bloße Erwärmung wird rothes Quecksilberoxyd schwarzbraun, und gelber, basischer salpetersaurer Merkur roth. Eine bekannte chinesische Schminke kommt uns auf Stückchen dünner Pappe aufgetragen zu und ist dann dunkelgrün: mit benetztem Finger berührt färbt sie diesen augenblicklich hochroth. Selbst das Rothwerden der Krebse durch Kochen gehört hieher; auch das Umschlagen des Grüns mancher Blätter in Roth, beim ersten Frost, und das Rothwerden der Aepfel auf der Seite, die von der Sonne beschienen wird, welches man einer stärkern Desoxydation dieser Seite zuschreiben will; imgleichen, daß einige Pflanzen den Stengel und das ganze Gerippe des Blattes hochroth haben, das Parenchyma aber grün; überhaupt die Vielfarbigkeit mancher Blumenblätter, wie auch die der Varietäten einer einzigen Art, der Tulpen, Nelken, Malven, Georginen u. s. w. In andern Fällen können wir die chemische

Differenz, welche von der Farbe angezeigt wird, als eine sehr geringe nachweisen, z. B. wenn Lakmustinktur, oder Veilchen= saft, durch die leichteste Spur von Oxydation, oder Alkalisation, ihre Farbe ändern. Dies Alles bestätigt einerseits die aus meiner Theorie hervorgehende vorwaltend subjektive Natur der Farbe, welche man immer gefühlt hat, wie das alte Sprich= wort des gouts et des couleurs il ne faut disputer, im glei= chen das bewährte nimium non crede colori bezeugt, und wegen welcher die Farbe beinah zum Symbol der Trüglichkeit und Unbeständigkeit geworden ist, so daß man es stets gefährlich gefunden hat, bei der Farbe stehn zu bleiben. Dieserwegen hat man sich in Acht zu nehmen, daß man den Farben in der Natur nicht zu viel Bedeutsamkeit beilege. Andrerseits nun aber lehren uns die angeführten Beispiele, daß das Auge das empfindlichste Reagens, im chemischen Sinne, ist; indem es nicht nur die geringsten nachweisbaren, sondern sogar solche Veränderungen der Mischung, die kein anderes Reagens anzeigt, uns augenblicklich zu erkennen giebt. Auf dieser un= vergleichlichen Empfindlichkeit des Auges beruht überhaupt die Möglichkeit der chemischen Farben, welche an sich selbst noch ganz unerklärt ist, während wir in die physischen, durch Göthe, die richtige Einsicht endlich erlangt haben; ungeachtet die vorgeschobene Newtonische falsche Theorie solche erschwerte. Die physischen Farben verhalten sich zu den chemischen ganz so, wie der durch den galvanischen Apparat hervorgebrachte und insofern aus seiner nächsten Ursache verständliche Magnetismus zu dem im Stahl und in den Eisenerzen fixirten. Jener giebt einen temporären Magneten, der nur durch eine Komplikation von Umständen besteht und, sobald sie wegfallen, es zu seyn aufhört: dieser hingegen ist einem Körper einverleibt, unver= änderlich und bis jetzt unerklärt. Er ist hineingebannt, wie ein verzauberter Prinz: das Selbe nun gilt von der chemischen Farbe eines Körpers. Daher liefern uns ein anderes Gleichniß die Turmaline, in ihrem Verhältniß zu den Körpern, an wel= chen nur durch Reibung eine vorübergehende Elektricität sich hervorrufen läßt: denn wie die physischen Farben nur durch eine Kombination von Umständen hervortreten, die chemischen hingegen bloß der Beleuchtung bedürfen, um zu erscheinen; so bedürfen die Turmaline bloß der Erwärmung, um die ihnen jederzeit inwohnende Elektricität zu zeigen.

Eine allgemeine Erklärung der chemischen Farben scheint mir in Folgendem zu liegen. Licht und Wärme sind Metamorphosen von einander. Die Sonnenstrahlen sind kalt, so lange sie leuchten: erst wann sie, auf undurchsichtige Körper treffend, zu leuchten aufhören, verwandelt sich ihr Licht in Wärme; daher sie *), durch eine dünne Eisplatte in einen innerlich verkohlten Kasten fallend, daselbst das Thermometer zu beträchtlichem Steigen bringen, ohne die Eisplatte zu schmelzen, ja, sogar ein aus Eis geschliffenes Brennglas zündet, ohne dabei selbst zu schmelzen; — welches nicht seyn könnte, wenn es ursprüngliche und unveränderliche, von den Lichtstrahlen verschiedene Wärmestrahlen gäbe, die jenen beigemischt von der Sonne ausgesandt würden, folglich schon als solche durch das Eis giengen, daher auch als solche wirken und es schmelzen müßten. (Eine über eine Pflanze gesetzte Glasglocke bringt einen hohen Grad von Wärme hervor, weil das Licht augenblicklich durchgeht und sich auf dem opaken Boden in Wärme verwandelt: dieser Wärme aber ist das Glas nicht so leicht permeabel, wie dem Lichte; daher häuft sie sich unter der Glocke an und erreicht einen hohen Grad.) Umgekehrt verwandelt die Wärme sich in Licht, beim Glühen der Steine, des Glases, der Metalle (auch in irrespirabeln Gasarten), und des Flußspathes sogar bei geringer Erwärmung. Die, nach Beschaffenheit eines Körpers, speciell modifizirte Weise, wie er das auf ihn fallende Licht in Wärme verwandelt, ist, für unser Auge, seine chemische Farbe. Diese wird um so dunkler ausfallen, je leichter und vollkommener jener Umwandlungsproceß vor sich geht; daher schwarze Körper am leichtesten warm werden: Dies ist Alles, was wir von ihr wissen. Doch wird hieraus begreiflich, wie die verschiedenen Farben des prismatischen Spektrums die Körper verschiedentlich erwärmen: auch läßt sich absehn, wie eine bloß physische Farbe eine chemische hervorbringen kann, indem z. B. Chlorsilber durch freies, also weißes Sonnenlicht geschwärzt

---

*) Dieses Saussüre'sche Experiment erwähnt Schelling „Weltseele" p. 38.

wird, jogar aber auch die Farben des prismatischen Spektrums annimmt, wenn es diesem längere Zeit hindurch ausgesetzt bleibt. Denn hier ist die entstehende chemische Farbe, für unser Auge, der Ausdruck der modifizirten und dadurch geschwächten Weise, wie das Chlorsilber das Licht empfängt und in Wärme verwandelt, während der freie, unverkümmerte Hergang dieses Processes, bei weissem Licht, sich durch die schwarze Färbung kund giebt. — Wie Wärme und Licht Metamorphosen von einander sind; so ist eine andere Metamorphose der Wärme die Elektricität, wie der Seebeck'sche Thermoelektricismus beweist, wo Wismuth und Antimonium, wenn an einander gelöthet, die ihnen mitgetheilte Wärme sogleich in Elektricität verwandeln. In Licht verwandelt die Elektricität sich beim elektrischen Funken und beim Ausströhmen im luftleeren Raum, und in Wärme, wenn ihr Strohm im Elektroden gehemmt wird, wo dieser glüht und, wenn von Eisen, verbrennt. —

Die Richtigkeit der von mir aufgefundenen Zahlenbrüche, nach welchen, bei den sechs Hauptfarben, die Thätigkeit der Retina sich qualitativ theilt, ist, wie schon gesagt, eine augenfällige, bleibt aber Sache des unmittelbaren Urtheils und muß als selbstevident genommen werden; da sie zu beweisen schwer, vielleicht unmöglich ist. Doch will ich hier zwei Wege angeben, auf denen allenfalls ein Beweis zu finden seyn möchte. Man hat öfter eine genaue Bestimmung der Verhältnisse gesucht, in welchen die drei chemischen Grundfarben paarweise zu mischen sind, um genau die zwischen ihnen gerade in der Mitte liegende Farbe hervorzubringen. Namentlich haben Lichtenberg*), Erxleben**) und Lambert***) mit der Beantwortung dieser Frage sich beschäftigt. Allein sowohl die Bestimmung der eigentlichen Bedeutung des Problems, als eine wissenschaftliche und nicht lediglich empirische Auflösung desselben, ergiebt sich erst aus meiner Theorie. Ich muß jedoch die Bemerkung voranschicken, daß die zu diesen Versuchen anzuwendenden Pigmente absolut vollkommene Farben

---

*) Anmerkungen zur Abhandlung de affinitate colorum, in oper. ined. Tobiae Mayeri, cura Lichtenberg.
**) Physikalische Bibliothek, Bd. 1. St. 4. S. 403 ff.
***) Beschreibung einer Farbenpyramide. Berlin 1772.

haben müssen, d. h. solche, welche 1) die ganze Thätigkeit des
Auges theilen, ohne einen ungetheilten Rest zu lassen, die demnach
frei von allem ihrem Wesen fremden Blaß oder Dunkel
sind, also höchst brennende, energische Farben. 2) Solche
Farben, die genau ⅓, ½ und ¾ der Thätigkeit des Auges
sind, also vollkommnes Blau, Roth und Gelb, d. h. die drei
chemischen Grundfarben in höchster Reinheit. Wenn man nun
mit solchen Farben operirend, z. B. aus Blau, welches ⅓ der
vollen Thätigkeit ist, und Gelb, welches ¾ ist, Grün, welches
½ ist, zusammensetzen will; so muß die Menge des Blauen zu
der des Gelben sich umgekehrt verhalten, wie die Differenz
zwischen ⅓ und ½ zur Differenz zwischen ¾ und ½: denn,
um so viel als die eine gegebene Farbe der zusammenzusetzen-
den näher liegt als die andere, um so viel mehr von ihr, und
um so viel als die andere gegebene weiter von der zusammen-
zusetzenden liegt, um so viel weniger von ihr, muß man nehmen. Also drei Theile Blau und zwei Theile Gelb geben vollkommnes Grün. Man mische sie als trockne Pulver, damit
die Pigmente nicht chemisch auf einander wirken, und dem
Maaße, nicht dem Gewichte nach. Die an diesem Beispiel aufgestellte Regel gilt für jede Mischung solcher Art. Die genaue
Uebereinstimmung des Resultats nun mit den von mir aufgestellten Zahlenverhältnissen der verschiedenen Hälften, in welche
die Thätigkeit der Retina in den drei Hauptfarbenpaaren aus-
einandertritt, würde den Beweis für die Richtigkeit dieser liefern.
Freilich aber bleibt das Urtheil, sowohl über die Richtigkeit des
Resultats, als auch über die Vollkommenheit der zur Mischung
genommenen Farben, immer der Empfindung überlassen. Diese
wird aber nie bei Seite gesetzt werden können, wenn man von
Farben redet. — Eine andere Art, den Beweis für die in Rede
stehenden Zahlenbrüche zu führen, wäre folgende. Man ver-
schaffe sich vollkommen schwarzen und vollkommen weißen Sand,
und mische diese in sechs Verhältnissen, deren jedes einer der
sechs Hauptfarben an Dunkelheit genau gleichkommt. Dann
muß sich ergeben, daß das Verhältniß des schwarzen zum
weißen Sande bei jeder Farbe dem derselben von mir bei-
gelegten Zahlenbruche entspricht, also z. B. zu einem dem Gelben an Dunkelheit gleich kommenden Grau drei Theile weißen

und ein Theil schwarzen Sandes genommen wäre, ein dem Violetten entsprechendes Grau hingegen die Mischung des San= des gerade in umgekehrtem Verhältniß erfordert hätte; Grün und Roth hingegen von beiden gleich viel. Jedoch entsteht hiebei die Schwierigkeit, zu bestimmen, welches Grau jeder Farbe an Dunkelheit gleich kommt. Dies ließe sich dadurch entscheiden, daß man die Farbe, hart neben dem Grau, durch das Prisma betrachtete, um zu sehn, welches von Beiden sich bei der Refraktion als Helles zum Dunkeln verhält: sind sie hierin gleich, so muß die Refraktion keine Farbenerscheinung geben.

§. 14.

Einige Zugaben zu Göthe's Lehre von der Entstehung der physischen Farben. *)

Zuvörderst will ich hier ein Paar artige Thatsachen bei= bringen, welche zur Bestätigung des Göthe'schen Grundsatzes der physischen Farben dienen, von ihm selbst aber nicht bemerkt worden sind.

Wenn man, in einem finstern Zimmer, die Elektricität des Konduktors in eine luftleere Glasröhre ausströmen läßt; so erscheint dieses elektrische Licht sehr schön violet. Hier ist, eben wie bei den blauen Flammen, das Licht selbst zugleich das trübe Mittel: denn es ist kein wesentlicher Unterschied, ob das erleuchtete Trübe, durch welches man ins Dunkele sieht, eigenes oder reflektirtes Licht ins Auge wirft. Weil aber hier dies elektrische Licht ein überaus dünnes und schwaches ist, ver=

---

*) Zu diesem Paragraphen findet sich in Schopenhauer's Handexemplar folgende Stelle, ohne Angabe des Ortes, wo sie einzufügen sei, beigeschrie= ben: In der Revue des deux Mondes vom 1. Januar 1858 sagt Babi= net, daß bei der Sonnenfinsterniß im März, da sie, beinahe total, nur $\frac{1}{10}$ der Sonne übrig lassen wird, das durch eine enge Oeffnung einfallende Licht derselben, nicht wie sonst, einen Kreis, sondern eine Lünelle, ein schmales Mondsegment, gleich dem nach dem Neumond, an die Wand werfen wird. Dies bestätigt Göthe's Farbenlehre, indem es beweist, daß, wie er lehrt, durch das foramen exiguum nicht ein Strahlenbündel einfällt, sondern ein kleines Bild der Sonne, welches sodann durch die Brechung verschoben wird.

urſacht es, ganz nach Göthe's Lehre, violett; ſtatt daß auch die
ſchwächſte Flamme, wie die des Schwefels, Weingeiſtes u. ſ. w.,
ſchon blau verurſacht.

Ein alltäglicher und vulgarer, aber von Göthen über=
ſehener Beleg zu ſeiner Theorie iſt, daß manche mit rothem
Wein oder dunkelm Bier gefüllte Bouteillen, nachdem ſie län=
gere Zeit im Keller gelegen haben, oft eine beträchtliche Trü=
bung des Glaſes, durch einen Anſatz im Innern erleiden, in
Folge welcher ſie alsdann, bei auffallendem Lichte, blau erſchei=
nen, und eben ſo, wenn man, nachdem ſie ausgeleert ſind,
etwas Schwarzes dahinter hält: bei durchſcheinendem Lichte
hingegen zeigen ſie die Farbe der Flüſſigkeit, oder, wenn leer,
des Glaſes.

Sogar aber iſt die Farbe der blauen Augen keine chemiſche,
ſondern bloß eine phyſiſche, dem Götheſchen Geſetze gemäß ent=
ſtehende. Denn nach Magendie's Bericht über die Anatomie
des Auges (Précis élémentaire de physiologie, Vol. I., p. 60,
61, deuxième edition) iſt die hintere Wand der Iris mit einer
ſchwarzen Materie bekleidet, welche, bei braunen oder ſchwarzen
Augen, unmittelbar durchſcheint. Bei blauen Augen aber iſt
das Gewebe der Iris weißlich, — alſo trübe, — und die
durchſcheinende ſchwarze Unterlage bringt das Blau der Augen
hervor. (Dans les yeux bleus le tissu de l'iris est à peu
près blanc; c'est la couche noire postérieure, qui paraît à
peu près seule et détermine la couleur des yeux.) Dies iſt
beſtätigt von Helmholtz „über das Sehn des Menſchen‟,
p. 8. — Eben ſo verhält es ſich mit der blauen Farbe der
Venen, als welche ebenfalls nur phyſiſch iſt: ſie entſteht, in=
dem das ſchwärzliche Venenblut durch die Wände des Gefäßes
ſchimmert.

In koloſſaler Größe aber iſt uns ein Beleg zum Göthe'=
ſchen Geſetz der neu entdeckte Planet Neptun. Nämlich die auf
dem Obſervatorio des Collegium Romanum vom Pater Secchi
angeſtellten und in den Comptes rendus vom 22. September
1856 mitgetheilten aſtronomiſchen Beobachtungen enthalten die
beſtimmt ausgeſprochene Angabe, daß jener große Planet dunſt=
förmig (nébuleux) ſei und ſeine Farbe meerblau (couleur

de mer bleuâtre). Natürlich! denn wir haben hier ein von der Sonne beleuchtetes Trübes, mit einem finstern Grunde hinter sich.

Die gefärbten Ringe, welche sich zeigen, wenn man zwei geschliffene Spiegelgläser, oder auch konvex geschliffene Gläser, mit den Fingern fest zusammenpreßt, erkläre ich mir auf folgende Weise. Das Glas hat eine beträchtliche Elasticität. Daher giebt, bei jener starken Kompression, die Oberfläche etwas nach und wird eingedrückt: dadurch verliert sie, auf den Augenblick, die vollkommene Glätte und Ebenheit, wodurch dann eine gradweise zunehmende Trübung entsteht, derjenigen, welche mattgeschliffenes Glas zeigt, verwandt. Wir haben also auch hier ein trübes Mittel, und die verschiedenen Abstufungen seiner Trübung, bei theils auffallendem, theils durchgehendem Licht, verursachen die farbigen Ringe. Läßt man das Glas los, so stellt alsbald die Elasticität seinen vorigen Zustand wieder her, und die Ringe verschwinden. Etwas Spiritus über irgend ein geschliffenes Glas gewischt, giebt ganz eben solche Farben, nur nicht rund, sondern in Linien. Auf ganz analoge Weise verhält es sich mit den Seifenblasen, welche den Neuton zuerst zur Betrachtung der gefärbten Ringe veranlaßten. Das Seifenwasser ist ein trübes Mittel: auf der Seifenblase bald herabfließend, bald wieder sich seitwärts verbreitend, selbst in aufsteigender Richtung, bietet es dem Lichte abwechselnde, verschiedene Grade von Trübung dar, welche hier eben so die farbigen Ringe und ihren Wechsel verursachen.

Bei fast allen neu entdeckten Wahrheiten findet sich nachmals, daß schon früher eine Spur von ihnen dagewesen, etwas ihnen sehr Aehnliches gesagt, ja, wohl gar sie selbst geradezu ausgesprochen worden sind, ohne Beachtung zu finden, meistens weil der Aufsteller selbst ihren Werth nicht erkannt und ihren Folgenreichthum nicht begriffen hatte; welches ihn verhinderte, sie auszuführen. In dergleichen Fällen hatte man, wenngleich nicht die Pflanze, doch den Saamen gehabt.

So finden wir denn auch von Göthe's Grundgesetz der physischen Farben, oder seinem Urphänomen, die Hälfte schon vom Aristoteles ausgesprochen, in seinen Meteorologicis, III, 4 Φαινεται το λαμπρον δια του μελανος, η εν τω μελανι (διαφερε γαρ ουδεν), φοινικουν. ὁρᾶν δ᾽ ἔξεστι το γε των χλωρων ξυλων πυρ, ὡς ερυθραν εχει την φλογα, δια το τω καπνω πολλω μεμιχθαι το πυρ, λαμπρον ον και λευκον · και δι᾽ αχλυος και καπνου ὁ ἥλιος φαινεται φοινικους. [quodcunque fulgidum est, per atrum, aut in atro (nihil enim refert) puniceum apparet: videre enim licet ignem, e virentibus lignis conflatum, rubram flammam habere; propterea quod ignis, suapte natura fulgidus albusque, multo fumo admixtus est: quin etiam sol ipse per caliginem et fumum puniceus apparet.] Das Selbe wieder=holt, mit beinahe den selben Worten und als Aristotelische Lehre, Stobäus (Eclog. phys. I, 31). Und die andere Hälfte des Göthe'schen Gesetzes hat schon Leonardo da Vinci in seinem trattato della pittura, CLI dargelegt. (Siehe: Brücke, über die Farben, welche trübe Medien im auffallenden und durch=fallenden Lichte zeigen, 1854, p. 10.) Ich kann nicht umhin zu bemerken, daß von diesem fast allgemeinen Schicksal, welches den Fluch pereant qui ante nos nostra dixerunt hervorgerufen hat, meine Farbentheorie eine glückliche Ausnahme macht: denn nie und nirgends ist es, vor 1816, Jemanden eingefallen, die Farbe, diese so objektive Erscheinung, als die halbirte Thätig=keit der Retina zu betrachten und in diesem Sinn jeder einzel=nen Farbe ihren bestimmten Zahlenbruch anzuweisen, der mit einer andern die Einheit ergänzt, welche das Weiße, die volle Thätigkeit der Retina, darstellt. Und doch sind diese Brüche so entschieden einleuchtend, daß Herr Prof. Rosas, in=dem er sie sich aneignen möchte, sie geradezu als selbst=evident einführt, in seinem „Handbuch der Augenheilkunde", von 1830, Bd. 1, §. 535, und auch S. 308. Ich darf also wohl mit Jordanus Brunus sagen:

Obductum tenuitque diu quod tempus avarum,
Mi liceat densis promere de tenebris.

Seit 1816 freilich hat Mancher es als seine eigene Waare ein=zuschwärzen gesucht, mich gar nicht, oder doch nur so beiläufig erwähnend, daß Keiner ein Arg daraus hat. —

Bloß in zwei Punkten nöthigt mich meine Theorie von Göthen abzuweichen, nämlich im Betreff der wahren Polarität der Farben, wie oben auseinandergesetzt, und hinsichtlich der

Herstellung des Weissen aus Farben, welche letztere Göthe mir nie verziehen, jedoch auch nie, weder mündlich noch brieflich, nur irgend ein Argument dagegen vorgebracht hat.

Diese beiden Abweichungen von Göthe werden aber um so unbestochener und aus rein objektiven Gründen entsprungen erscheinen, als ich vom Werthe des Göthe'schen Werkes durchdrungen bin und es für vollkommen würdig achte, einen der größten Geister aller Zeiten zum Urheber zu haben. Allein selbst wenn sie von einem solchen stammt, kann eine neugeschaffene Lehre doch fast nicht ohne Wunder gleich bei ihrem Entstehn schon so vollendet seyn, daß nichts hinzuzusetzen, nichts zu berichtigen für die Nachfolger übrig bliebe. Wenn daher die von mir nachgewiesenen Unrichtigkeiten, wenn vielleicht noch andere in Göthe's Werk enthalten sind; so ist dies unbeträchtlich gegen die Wahrheit des Ganzen, und wird als Fehler völlig ausgelöscht durch das große Verdienst, jenes, jetzt bald zwei Jahrhunderte hindurch verehrte und geglaubte, wunderliche Gemisch von Selbsttäuschung und absichtlichem Betruge in seiner Blöße gezeigt und zugleich eine im Ganzen richtige Darstellung des in Betrachtung genommenen Theils der Natur geliefert zu haben:

Μηδεν ἁμαρτειν εστι θεων, και παντα κατορθουν·
Εν βιοτη μοιραν δ' ουτι φυγειν επορον. *)

Uns aber liegt ob, das Geleistete anzuerkennen, es dankbar und mit reinem Sinn aufzunehmen, und dann nach Kräften zu möglichster Vollkommenheit weiter zu bilden.

Hievon ist nun freilich bisher das Gegentheil geschehn. Göthe's Farbenlehre hat eine nicht nur kalte, sondern entschieden ungünstige Aufnahme gefunden: ja sie ist (credite posteri!) gleich Anfangs förmlich durchgefallen, indem sie öffentlich, von allen Seiten und ohne eigentliche Opposition, das einstimmige Verdammungsurtheil der Leute vom Fach erfahren hat, auf deren Autorität das übrige gebildete Publikum, schon durch Bequemlichkeit und Gleichgültigkeit hiezu prädisponirt, sich der

---

*) Niemals zu fehlen ist Sache der Götter, und Alles zu treffen:
　　Sterblichen ward nicht vergönnt, ihrem Geschick zu entgehn.

eigenen Prüfung sehr gern entübrigt; daher auch jetzt, nach
44 Jahren, es dabei sein Bewenden hat. So theilt denn
dieses Werk Göthe's mit manchen aus früheren Zeiten, denen
ihr Gegenstand, nicht dessen Behandlung, höhern Rang giebt,
die Ehre, nach seinem Auftreten viele Jahre hindurch fast un-
berührt gelegen zu haben; und noch am heutigen Tage ertönt
Newton's Theorie ungestört von allen Kathedern und wird in
den Kompendien nach wie vor angestimmt.

Um dieses Schicksal der Göthe'schen Farbenlehre zu begreifen, darf man nicht ausser Acht lassen, wie groß und wie ver-
derblich der Einfluß ist, den auf die Wissenschaften, ja, auf alle
geistige Leistungen, der Wille ausübt, d. h. die Neigungen,
und noch eigentlicher zu reden, die schlechten, niedrigen Neigungen. In Deutschland, als dem Vaterlande jener wissenschaftlichen Leistung Göthe's, ist ihr Schicksal am unverzeihlich-
sten. Den Engländern hat der Maler und Gallerie-Inspektor
Eastlake, im J. 1840, eine so höchst vortreffliche Uebersetzung
der Farbenlehre Göthe's geliefert, daß sie das Original vollkommen wiedergiebt und dabei sich leichter liest, ja, leichter zu
verstehn ist, als dieses. Da muß man sehn, wie Brewster,
der sie in der Edinburgh' review recensirt, sich dazu gebärdet,
nämlich ungefähr so, wie eine Tiegerin, in deren Höhle man
dringt, ihr die Jungen zu entreißen. Ist etwan Dies der Ton
der ruhigen und sichern bessern Ueberzeugung, dem Irrthum
eines großen Mannes gegenüber? Es ist vielmehr der Ton
des intellektuellen schlechten Gewissens, welches, mit Schrecken,
das Recht auf der andern Seite spürt und nun entschlossen ist,
die ohne Prüfung gedankenlos angenommene Scheinwissenschaft,
durch deren Festhalten man sich bereits kompromittirt hat, jetzt
als Nationaleigenthum πυξ και λαξ zu vertheidigen. Wird
nun also, bei den Engländern, die Newtonische Farbenlehre
als Nationalsache genommen; so wäre eine gute französische
Uebersetzung des Göthe'schen Werkes höchst wünschenswerth:
denn von der französischen Gelehrtenwelt, als einer insofern
neutralen, wäre noch am Ersten Gerechtigkeit zu hoffen. Jedoch sehn wir auch sie durch ihre ganz auf der Homogenen-
lichtertheorie basirten Lehren von den Aethervibrationen, von
der Thermochrose, Interferenz u. s. w., in dieser Sache tief

kompromittirt; daher denn auch von ihrer Lehnspflichtigkeit
gegen die Newtonische Farbenlehre belustigende Proben vor=
kommen. So z. B. erzählt im Journal des savans, April
1836, Biot mit Herzensbeifall, wie Arago gar pfiffige Ex=
perimente angestellt habe, um zu ermitteln, ob nicht etwan die
7 homogenen Lichter eine ungleiche Schnelligkeit der Fort=
pflanzung hätten; so daß von den veränderlichen Firsternen,
die bald näher bald ferner stehn, etwan das rothe, oder das
violette Licht zuerst anlangte und daher der Stern successiv
verschieden gefärbt erschiene: er hätte aber am Ende glücklich
herausgebracht, daß Dem doch nicht so sei. Sancta simplici=
tas! — Recht artig macht es auch Herr Becquerel, der in
einem Mémoire présenté à l'acad. des sciences, le 13 Juin
1842, vor der Akademie, das alte Lied von Frischem anstimmt,
als wäre es ein neues: si on refracte un faisceau (!) de
rayons solaires à travers un prisme, on distingue assez
nettement (hier klopft das Gewissen an) sept sortes de
couleurs, qui sont: le rouge, l'orangé, le jaune, le vert, le
bleu, l'indigo (diese Mischung von ³/₄ Schwarz mit ¹/₄ Blau
soll im Lichte stecken!) et le violet. Da Hr. Becquerel dieses
Stück aus dem Newtonischen Credo 32 Jahre nach dem Er=
scheinen der Göthe'schen Farbenlehre noch so unbefangen und
furchtlos herzusagen sich nicht entblödet; so könnte man sich
versucht fühlen, ihm assez nettement zu deklariren: „entweder
ihr seid blind, oder ihr lügt". Allein man würde ihm doch
Unrecht thun: denn es liegt bloß daran, daß Hr. Becquerel
dem Newton mehr glaubt, als seinen eigenen, zwei offenen
Augen. Das wirkt die Newton=Superstition. — Specielle Er=
wähnung verdient hier noch das große, zweibändige Kompen=
dium der Physik (élémens de physique) von Pouillet, wel=
ches, auf Anordnung der Regierung, dem öffentlichen Unterricht
in Frankreich zum Grunde gelegt wird. Da finden wir (Liv. VI.
P. I. ch. 3) auf 20 grossen Seiten die ganze Newtonische ge=
offenbarte Farbenlehre vorgetragen, mit der Sicherheit und
Dreistigkeit, als wäre es ein Evangelium, und mit sämmtlichen
Newtonischen Taschenspielerstückchen, nebst ihren Kautelen und
Hinterlisten. Wer mit dem wahren Thatbestande und Zusam=
menhange der Sachen vertraut ist, wird dieses Kapitel nicht

ohne grosse, wenn auch bisweilen durch Lachen unterbrochene,
Indignation lesen, indem er sieht, wie das Falsche und Absurde
der heranwachsenden Generation von Neuem aufgebunden wird,
unter gänzlicher Verschweigung der Widerlegung, — eine kolos=
sale ignoratio elenchi! — Das Empörendeste ist die Sorgfalt,
mit der die bloß auf Täuschung berechneten und sonst völlig
unmotivirten Nebenumstände beigebracht werden, worunter auch
einige von späterer Erfindung sind: denn Dies verräth die fort=
dauernde Absichtlichkeit des Betruges. Z. E. §. 392, Nr. 3
(édit. de Paris 1847) wird ein Versuch beschrieben, der dar=
thun soll, daß durch Vereinigung der sieben angeblichen pris=
matischen Farben Weiß hergestellt werde: da wird nun eine
pappene Scheibe, von 1 Fuß Durchmesser, mit zwei schwar=
zen Zonen bemalt, die eine rings um die Peripherie, die
andere rings um das Centralloch: zwischen beiden Zonen werden,
in der Richtung der Radien, die mit den sieben prismatischen
Farben tingirten Papierstreifen, in vielmaliger Wiederholung,
aufgeklebt, und jetzt wird die Scheibe in schnelle Wirbelung
versetzt, wodurch nunmehr die Farbenzone weiß erscheinen soll.
Von den beiden schwarzen Zonen aber wird mit keiner Silbe
Rechenschaft gegeben, ist auch ehrlicherweise keine zu geben
möglich, da sie ganz zweckwidrig die Farbenzone, welche allein
zur Sache gehört, schmälern. Wozu also sind sie da? — Das
würde Göthe euch sogleich sagen; in dessen Ermangelung nun=
mehr ich es muß: Damit der Kontrast und die physiologische
Nachwirkung des Schwarzen das durch jene Farbenmischung
allein hervorgebrachte „niederträchtige Grau" so hervorhebe,
daß es für Weiß gelten könne. Mit solchen Taschenspieler=
streichen also wird die französische studierende Jugend düpirt,
in majorem Neutoni gloriam. Denn schon vor der erkleck=
lichen Verbesserung durch die zwei schwarzen Zonen, als welche
neuere Erfindung ist, hat Göthe dieses Stück folgendermaaßen
besungen:

> Newtonisch Weiß den Kindern vorzuzeigen,
> Die pädagog'schem Ernst sogleich sich neigen,
> Trat einst ein Lehrer auf, mit Schwungrads Possen:
> Auf selbem war ein Farbenkreis geschlossen.
> Das dorlte nun. „Betracht' es mir genau!
> Was siehst du, Knabe?" Nun, was seh' ich? Grau?

„Du siehst nicht recht! Glaubst du, daß ich das leide?
Weiß, dummer Junge, Weiß! so sagt's Mollweide."

Dieses verstockte Festhalten an der Newtonischen Farben=
lehre, und somit an der ganz objektiven Existenz der Farbe,
hat sich an den Physikern dadurch gerächt, daß es sie zu einer
mechanischen, krassen, Kartesianischen, ja, Demokritischen Farben=
theorie geführt hat, nach welcher die Farbe auf der Verschie=
denheit der Schwingungen eines gewissen Aethers beruhen soll,
mit welchem sie sehr vertraut umgehn und ganz dreist um sich
werfen, der aber ein völlig hypothetisches, ja mythologisches
und recht eigentlich aus der Luft gegriffenes Wesen ist.*) Denn
daß, wenn er existirte, er vielleicht indirekt die Ursache der,
in Hinsicht auf eine Berechnung angenommenen, Verfrühung
eines Kometen gewesen seyn könnte, — wird doch wohl Keiner
als einen Beweis seiner Existenz geltend machen wollen. (Gegen
Enke's Erklärung der Beschleunigung seines Kometen aus dem
Widerstand des Aethers hat sich gleich Anfangs Bessel erklärt
und gesagt, man könne hundert Ursachen angeben, aus denen
jene Beschleunigung sich eben so gut erklären ließe. Vergl.
Comptes rendus, vom 6. Dezember 1858, p. 893.) Sie aber
stellen jetzt getrost genaue Berechnungen der imaginären Längen
der imaginären Schwingungen eines imaginären Aethers an:
denn wenn sie nur Zahlen haben, sind sie zufrieden, und somit
werden bemeldete Schwingungslängen in Milliontheilchen eines
Millimeters vergnüglich berechnet; — wobei eine belustigende
Zugabe ist, daß sie die schnellsten Schwingungen der dunkel=
sten und unwirksamsten aller Farben, dem Violett, zutheilen;
die langsamsten hingegen dem unser Auge so lebhaft affiziren=
den und selbst Thiere in Aufruhr versetzenden Roth. Aber, wie
schon gesagt, für sie sind die Farben blosse Namen: sie sehn sie
nicht an, sondern gehn ans Kalkuliren: Das ist ihr Element,
darin sie sich wohl befinden.

Uebrigens hat man sich nicht bloß vor der Theorie dieser
modernen Newtonischen Chromatologen zu hüten, sondern wird
wohlthun, auch bei den Thatsachen und Experimenten zwei Mal
zuzusehn. Da sind z. B. die Fraunhofer'schen Linien, von

---

*) Vergl. Welt als Wille und Vorstellung, 3. Aufl. Bd. II. S. 358 fg.

denen so viel Wesens gemacht worden ist und angenommen
wird, sie steckten im Lichte selbst, oder wären die Zwischen=
räume der gesonderten, äusserst zahlreichen, eigentlich homoge=
nen Lichter, wären daher auch anders beschaffen, je nachdem
es Licht der Sonne, der Venus, des Syrius, des Blitzes, oder
einer Lampe sei. Ich habe, mit vortrefflichen Instrumenten,
wiederholte Versuche, ganz nach Pouillet's Anweisung, ge=
macht, ohne sie je zu erhalten; so daß ich es aufgegeben hatte,
als mir zufällig die deutsche Bearbeitung des Pouillet von
J. Müller in die Hände fiel. Dieser ehrliche Deutsche sagt,
(2te Aufl. Bd. 1. S. 416) aus, was Pouillet weislich ver=
schweigt, nämlich, daß die Linien nicht erscheinen, wenn nicht
eine zweite Spalte unmittelbar vor dem Prisma angebracht
wird. Dies hat mich in der Meinung, welche ich schon vorher
hegte, bestätigt, daß nämlich die alleinige Ursache dieser Linien
die Ränder der Spalte sind: ich wünsche daher, daß Jemand
die Weitläuftigkeit nicht scheuen möge, ein Mal bogenförmige,
oder geschlängelte, oder fein gezähnte Spalten (aus Messing
und mit Schrauben, wie die gebräuchlichen) verfertigen zu las=
sen; wo dann, höchst wahrscheinlich, die Frauenhofer'schen Linien,
zum Skandal der gelehrten Welt, ihren wahren Ursprung durch
ihre Gestalt verrathen werden, — wie ein im Ehebruche ge=
zeugtes Kind, durch die Aehnlichkeit, seinen Vater. Ja, dies
ist um so wahrscheinlicher, als es ein ganz gleiches Bewandniß
hat mit dem von Pouillet (Bd. 1. §. 365) angegebenen Ex=
periment, durch ein kleines rundes Loch das Licht auf eine
weisse Fläche fallen zu lassen, wo dann in dem sich darstellen=
den Lichtkreise eine Menge koncentrischer Ringe seyn sollen, die
mir ebenfalls ausgeblieben sind und von denen eben so der
ehrliche Müller uns (Bd. 1. §. 218) eröffnet, daß ein zweites
Loch, vor dem ersten angebracht, dazu erfordert ist, ja, hinzu=
setzt, daß wenn man, statt dieses Loches, eine feine Spalte
anwendet, dann statt der koncentrischen Ringe parallele Streifen
erscheinen. Da haben wir ja die Frauenhofer'schen Linien!
Ich kann nicht umhin, zu wünschen, daß ein Mal ein guter
und unbefangener Kopf, ganz unabhängig von der Newtonischen
Theorie und den mythologischen Aetherschwingungen, die ge=
sammten, von den französischen Optikern und dem Frauenhofer

hoch angehäuften, so höchst komplicirten chromatischen Experimente, mit Inbegriff der sogenannten Lichtpolarisation und Interferenz, vornähme und den wahren Zusammenhang aller dieser
Erscheinungen herauszufinden suchte. Denn mit der Vermehrung
der Thatsachen hat die der Einsicht keineswegs gleichen Schritt
gehalten, vielmehr hinkt diese erbärmlich hinterdrein. Und Dies
ist sehr natürlich: denn die Erfahrung, zumal durch Anhäufung
und Komplikation der Bedingungen, zu vermehren, ist Jeder
tauglich; sie auszulegen Wenige und Seltene. Ueberhaupt haben
die Physiker, zumal in unsern Jahren, sich durchgängig weniger
um die Gründe, als um die Folgen der Naturpotenzen be-
kümmert, also um die Wirkungen, folglich Anwendungen derselben, z. B. um die Benutzung der Kraft elastischer Dünste zu
Maschinen, Dampfschiffen und Lokomotiven, oder des Elektro-
magnetismus zu Telegraphen, des Achromatismus zu Fern-
röhren u. s. w. Dadurch eben erlangen sie Respekt beim Volke;
aber was die Gründe betrifft, so hat es gute Wege, und da
wird z. B. der letztgenannte noch immer über den Neutonischen
Kamm geschoren, so wenig er dazu paßt, es mag biegen oder
brechen.

Die Frauenhoferschen Linien sollen, wenn das Spektrum
vom elektrischen Licht kommt, statt schwarz, glänzend seyn.
In einem Bericht darüber „Sur la lumière électrique par
Masson" in den Comptes rendus vom 16. April 1855,
wird nach genauer Untersuchung angegeben, daß die Ursache
dieser rayes brillantes die metallischen glühenden Partikeln der
beim Schluß in Berührung stehenden Elektroden sind, welche
von der Hitze losgerissen und vom elektrischen Strohm in die
Höhe gerissen werden. Bringt man den elektrischen Funken
unter Wasser hervor, so bleiben sie aus.

Ueber die Polarisation des Lichtes haben die Franzosen nichts als unsinnige Theorien, aus der Undulation und
der homogenen Lichter-Lehre, nebst Rechnungen, die sich auf
nichts gründen. Stets sind sie eilig, nur zu messen und zu
rechnen, halten es für die Hauptsache, und le calcul! le calcul!
ist ihr Feldgeschrei. Aber ich sage: où le calcul commence,
l'intelligence des phénomènes cesse: während Einer bloße
Zahlen und Zeichen im Kopfe hat, kann er nicht dem Kausal-

zusammhang auf die Spur kommen. Das Wieviel und Wiegroß hat für praktische Zwecke Wichtigkeit: in der Theorie
aber kommt es hauptsächlich und zunächst auf das Was an.
Dies erlangt, kann man hinsichtlich des Wieviel und Wiegroß
mit einer ungefähren Schätzung weit genug kommen.

Göthe wieder war zu alt, als die Phänomene entdeckt
wurden, — fieng an zu rabotiren.

Ich lege mir im Allgemeinen die Sache so aus. Die
Reflexion des Lichts im Winkel von 35° zerlegt wirklich das
Licht in zwei verschiedene Bestandtheile, davon der reflektirte
besondere Eigenschaften zeigt, die aber alle darauf zurücklaufen,
daß dieses Licht nunmehr, eines integrirenden Bestandtheils
beraubt, sich schwach und schlaff, eben dadurch aber auch zur
Erzeugung physischer Farben sehr geneigt zeigt: denn jede physische Farbe entsteht stets aus einer besondern Dämpfung,
Schwächung des Lichts. Jene specifische Schwächung also zeigt
es zunächst darin, daß es von den zwei Bildern des Isländi-
schen Kalkspaths nur Eines liefert: das andere entstand also
vermöge des andern, jetzt ausgeschiedenen Lichtbestandtheils.
Sodann den schnell gekühlten Glaskubus kann es nicht ganz
ausfüllen, verbreitet sich jedoch nicht gleichmäßig in demselben,
sondern zieht sich zusammen, wodurch es einige Stellen er-
leuchtet und andere leer läßt, die dadurch schwarz erscheinen
und in gewissen Lagen ein Kreuz bilden, eigentlich aber zwei
biegsame, schwarze Banden darstellen, die, je nachdem man den
Kubus dreht, ihn bald wellenförmig in allerlei Richtungen durch-
ziehen, bald einen schwarzen Rand bilden und bloß wenn der
Kubus seine Seite horizontal dem Auge zuwendet, in der Mitte
wie ein X zusammenstoßen und so das Kreuz darstellen: jedoch
ist, um dies Alles deutlich zu sehn, ein Parallelepipedon,
und nicht der eigentliche Kubus, der geeignetste Glaskörper.
Die vier gelben Flecken in den Winkeln des Kreuzes lassen sich
ebenfalls durch Drehen als Streifen am Rande vertheilen. Im
Ganzen zeugen sie von der großen Neigung dieses, eines integrirenden Bestandtheils beraubten Lichtes, physische Farben zu
erzeugen, unter welchen bekanntlich die gelbe am leichtesten entsteht. Besagte Neigung giebt sich nun in allerlei Phänomenen
kund: Glimmer- oder Gypsspath-Blättchen auf den Kubus, oder

auf einander gelegt zeigen allerlei Farben. Die Newtonischen
Ringe, welche, um durch Spiegelglas oder Linsen hervorgebracht
zu werden, sonst stets eines gewissen Druckes bedürfen, entstehn
im polarisirten Licht mit größter Leichtigkeit: besonders bringen
zwei geschliffene Bergkrystallplatten sie ohne andern Druck, als
den ihres eigenen Gewichts, in größter Schönheit und wunder=
voller Regelmäßigkeit hervor.

Das größte Wunder des polarisirten Lichtes liefert freilich
das in eine Zange zwischen zwei Turmalinplatten eingeklemmte
Stück Doppelspath, indem es ein, je nach der Lage schwarzes,
oder weißes Kreuz, umgeben von einer Gloria Newtonischer
Ringe sehn läßt. Daß nämlich der Doppelspath das Licht
ebenfalls (wie die Reflexion im Winkel von 35°) polarisirt,
scheint gewiß. Dies Wunder muß also doch aus obigen Prin=
cipien abzuleiten seyn. —

Die schwere Ungerechtigkeit, welche Göthe hinsichtlich seiner
Farbenlehre hat erleiden müssen, hat gar mancherlei Ursachen,
welche alle aufzuzählen so schonungslos, wie unerquicklich wäre.
Eine derselben aber können wir in Horazens Worten aussprechen:

turpe putant, quae
imberbi didicere, senes perdenda fateri.

Das selbe Schicksal ist jedoch, wie die Geschichte aller Wissen=
schaften bezeugt, jeder bedeutenden Entdeckung, so lange sie neu
war, zu Theil geworden und ist etwas, darüber sich die Weni=
gen nicht wundern werden, welchen die Einsicht geworden ist,
„daß das Treffliche selten gefunden, seltner geschätzt wird“,
und „daß das Absurde eigentlich die Welt erfüllt“. Inzwischen
wird auch für Göthe’s Farbenlehre der Tag der Gerechtigkeit
nicht ausbleiben; und dann wird abermals ein Ausspruch des
Helvetius sich bestätigen: le mérite est comme la poudre:
son explosion est d’autant plus forte, qu’elle est plus com=
primée (de l’espr. disc. II. ch. 10), und wird sodann das in
der Litterargeschichte schon so oft wiederholte Schauspiel von
Neuem aufgeführt und zum Schluß gelangt seyn.

Aber der Nachkomme, der eine Nachkomme aus Millionen,
welcher sich der Kraft bewußt seyn wird, in Kunst und Wissen=
schaft etwas Eigenthümliches, Neues, Außerordentliches hervor=

zubringen, und der daher in der Kunst wahrscheinlich mit irgend
einer alten Weise, in der Wissenschaft aber gewiß mit irgend einem
alten Wahn in Opposition tritt, möge dereinst doch dieser,
bevor er sein Werk den Zeitgenossen hingiebt, sich mit der Ge=
schichte der Farbenlehre Göthe's bekannt machen: er lerne aus
den Optics, die dann nur noch als Material der Litterargeschichte
in den Bibliotheken ruhen werden, das alsdann schon längst in
keinem Kopfe mehr spukende Newtonische Gespenst kennen: er lese
darauf Göthe's Farbenlehre selbst, deren Hauptinhalt, kurz und
bündig, ihm schon auf der Schule eingeprägt seyn wird: endlich
auch lese er von den Dokumenten der Aufnahme des Göthe'schen
Werkes so viel, als die Würmer übrig gelassen haben werden
und sein Gleichmuth erträgt: er vergleiche nunmehr den hand=
greiflichen Trug, die taschenspielerischen Versuche der Newtoni=
schen Optics, mit den so einfachen, so leicht faßlichen, so unver=
kennbaren Wahrheiten, die Göthe vortrug: er bedenke endlich, daß
Göthe mit seinem Werke zu einer Zeit aufgetreten ist, wo der
wohlverdiente Lorbeer sein ehrwürdiges Haupt kränzte und er,
wenigstens bei den Edelsten seiner Zeit, einen Ruhm, eine Ver=
ehrung erlangt hatte, die seinem Verdienst und seiner Geistes=
größe doch einigermaßen entsprachen, wo er also der allgemeinen
Aufmerksamkeit gewiß war: — und dann sehe er, wie wenig,
wie so gar nichts Alles dieses vermochte gegen jene Sinnesart,
die nun einmal dem Menschengeschlecht im Allgemeinen eigen ist.
Nach dieser Betrachtung ziehe er nicht etwan die Hände zurück;
sondern vollende sein Werk, weil diese Arbeit die Blüthe seines
Lebens ist, die zur Frucht gedeihen will: er gebe es hin; aber
wissend wem, und gefaßt.